Os Caminhos do Mago

TIAGO SANTIAGO

Os Caminhos do Mago

Autor: Tiago Santiago
Coordenação de produção: Guto Colunga
Diagramação e projeto gráfico: Josué Ribeiro
Impressão e acabamento: Promove Artes Gráficas
Editora: TXS

Dados Internacionais de Catalogação na Publicação (CIP)
(Câmara Brasileira do Livro, SP, Brasil)

Santiago, Tiago
Os caminhos do mago / Tiago Santiago. --
Rio de Janeiro : TXS Editora, 2021.

ISBN 978-65-995192-0-8

1. Autoajuda 2. Esoterismo 3. Filosofia
4. Ocultismo I. Título.

21-67979 CDD-133.43

Índices para catálogo sistemático:
1. Autoajuda : Esoterismo : Ocultismo 133.43
Cibele Maria Dias - Bibliotecária - CRB-8/9427

Dedicatória

Ao meu filho João Lucas,
com o encantamento do Amor,
pela Eternidade.

O Arcanjo da Criação inspirou este livro.

Sumário

1
A magia verdadeira

Muita gente pensa que a magia não é real e acredita que seja apenas superstição ou ficção. Na verdade, a magia existe no mundo e no universo, em todas as suas dimensões, desde o princípio e para sempre.

Este livro ensina como é possível praticar a magia, com grande sucesso. A magia é a realização da vontade, e acontece diariamente mesmo para quem não acredita nela.

A magia é um dos tributos do Ser, e pode ser aprendida para que os sonhos sejam realizados. É possível aprender magia a ponto de operar milagres.

Não se ensina neste livro nenhuma magia do mal, para destruir, aprisionar ou afetar negativamente outras pessoas e seres. Pelo contrário, as magias que abordamos neste livro afastam o mal e ao mesmo tempo trazem grandes poderes a quem fizer bom uso delas.

Mesmo aqueles que não acreditam nisso possuem poderes mágicos. O universo é tão mágico que permite que cada um crie a sua própria história, ao mesmo tempo que se exerce influência sobre as histórias de pessoas próximas. Somos todos seres mágicos e criadores. Temos o poder das escolhas, e através delas, criamos o que fomos, somos e seremos. Somos todos cocriadores da realidade que vivemos.

Para que a magia se realize, é preciso primeiro saber o que se quer e focar no caminho desejado. Quando não se sabe ou não se tem certeza do que se deseja, o Universo ou espera ou surpreende.

O foco deve estar sempre na ação, no momento presente, rumo ao objetivo sonhado. Não existe nada além do tempo e do que pode ser feito nele.

É preciso acreditar que o objetivo seja possível de alcançar. Sem fé e sem ação, nada acontece. O mago não deve desejar o impossível. Mas se acreditar que um sonho é possível, então deve trabalhar para realizá-lo.

É preciso dizer não às distrações e enfrentar os obstáculos que invariavelmente surgem. A vitória sempre depende da dedicação. A realização mágica só se consegue através do mérito.

Este livro traz revelações mágicas para aquisição de grandes poderes. Aprenda a fazer bom uso desses conhecimentos, a desenvolver seus dons e realizar coisas mágicas no mundo.

Todo mundo tem um dom, mas nem todos desenvolvem seus dons. Alguns parecem que já vêm prontos, porque o dom se manifesta desde cedo com muita clareza e naturalidade, como resultado da genética, da educação ou de vidas passadas.

Mesmo quem tem um dom muito claro pode evoluir. Sempre se pode aprender ou criar alguma coisa nova.

Se você não sabe qual é o seu dom, pense em algo que ama, algo que lhe interesse muito. Seu dom é algo que poderá fazer bem e conseguir bons resultados, com a prática. O seu dom é a forma ideal de realizar os seus mais belos sonhos, magicamente.

Pode ser que uma pessoa tenha tantos dons que não saiba o que quer desenvolver, já que são tantas as possibilidades. Neste caso, siga os caminhos do coração, aquilo que mais ama.

Uma pergunta decisiva é: aquilo que você quer criar em sua vida vai servir a outras pessoas? Quando uma vontade é boa, quando é vontade de servir, quando não é uma vontade egoísta, isso ajuda muito.

Pode até demorar, mas se você for fiel, em pensamento, sentimento e ação, sua boa vontade vai se realizar.

Fazer e ter o que se ama e alcançar a paz, através do uso dos dons, sendo útil para outras pessoas, estes são os Caminhos do Mago.

2

A magia dos contrastes

As sombras se moviam no teto, em meu quarto, à noite, e me assustavam, em meu berço. Minha mãe, primeira mestra do mundo mágico, mostrou que as sombras vinham das luzes dos postes, refletidas nos carros que passavam na rua, em Copacabana, no Rio de Janeiro. Desde então, entendi que todo mistério tem uma explicação, ainda que alguns mistérios sejam difíceis de entender.

Um dos maiores mistérios é a existência dos males, neste mundo de provações. É preciso lutar, sempre que necessário, contra os males, em suas formas múltiplas, nesta vida.

A explicação para o mistério dos males e das provações é que o mundo foi criado através dos contrastes. Este é um mundo de polaridades: positivo e negativo; bem e mal; luz e trevas; verdade e mentira; dia e noite; saúde e doença; prazer e dor; amor e ódio; som e silêncio; macho e fêmea; sono e vigília; juventude e velhice; alegria e tristeza; calor e frio; grande e pequeno; alto e baixo; profundo e raso; força e fraqueza; visibilidade e invisibilidade; limpeza e sujeira; ordem e caos; justiça e injustiça; fé e ceticismo; egoísmo e altruísmo; coragem e medo; paz e guerra; sim e não; vida e morte; entre muitos outros contrastes.

Em toda a matéria, em cada elemento químico, existem energias positivas e negativas, prótons e elétrons. Universo significa união dos contrários. Toda matéria é energia condensada.

Para haver vida, bem, alegria, amor e luz, é preciso haver também morte, mal, tristeza, ódio e trevas. Tudo que existe é criado a partir de energias opostas.

Todo mundo vem à vida para evoluir, através da experiência dos contrastes e das consequências das decisões. Todo efeito tem uma causa. Toda escolha tem consequência.

O Universo é inteligente. Exige de nós escolhas entre caminhos diferentes, todo o tempo. Nossas escolhas definem o nosso destino.

Não existem apenas os extremos. Também existe uma infinita possibilidade de graduações entre os contrastes. Os caminhos do Mago muitas vezes estão no meio.

O que agora aparece como mistério logo se tornará claro. Além dos contrastes, permanece a unidade essencial de todas as coisas.

Tudo sempre terá nesta vida um lado bom e outro ruim, um lado positivo e outro negativo. Por exemplo, a escuridão é boa para o descanso, o mergulho no sono, a renovação que a alma precisa.

A magia dos contrastes ensina a procurar o lado positivo em cada experiência da vida.

Medite agora na vontade que deseja realizar. Analise os contrastes que envolvem o que deseja. Reflita sobre os diferentes caminhos e resultados possíveis. Analise as possibilidades de sucesso do próximo passo, rumo à realização da vontade. O caminho pode ser longo, e demorará mais ou menos tempo, a depender de você e de suas decisões. Quem tiver paciência para seguir as lições de magia, terá instrumentos de grande poder, nesta e em outras vidas.

3
A magia da infância

A magia da infância é olhar para o mundo como uma criança, a cada novo instante, com encantamento. Grande magia é manter esse fascínio de olhar para o mundo como se fosse pela primeira vez.

Existe também magia, sempre, para quem estiver ao lado de uma criança, a cuidá-la ou acompanhá-la com amor.

O mundo é evidentemente mágico. Segue abaixo breve lista incompleta de provas da magia, no mundo:

Só se pode olhar para o sol, sem ficar cego, quando ele nasce e quando se põe. O sol aparece e desaparece todos os dias. O sol queima durante milhões e milhões de anos, em explosões nucleares, para dar vida e luz aos seres que moram em seu sistema.

Cada estrela é um sol. A grande maioria das estrelas é maior que o sol, apesar de parecerem tão pequenas. O que vemos das estrelas é a luz do seu passado, porque a luz delas viaja muitos anos para chegar até nós. Quando olhamos para o céu, olhamos para coisas que parecem mínimas, mas que são enormes. Olhamos para luzes do passado, no presente.

Estrelas e planetas flutuam em movimento, sobre o universo. As estrelas se unem em constelações. Os planetas gravitam em órbitas quase eternas ao redor da estrela, que, no entanto, um dia também deixará de ser.

Todo mês, a lua morre, nasce e cresce, para tornar-se cheia e minguar de novo. Até o mar é afetado pela lua, em suas marés, então é claro que nós também somos afetados por ela.

Por que os planetas em volta da estrela lembram elétrons ao redor de um núcleo, num átomo?

Em que medida o mundo macroscópico reproduz o microscópico?

Nossos corpos são feitos de matéria prima criada na usina das estrelas, mas há muito mais que matéria no Universo, porque a energia é infinitamente maior que a matéria.

Por que existe o tempo? O que é o tempo? Quem criou o tempo? Se alguém criou o tempo, quem criou o criador do tempo? Ou será que o tempo ele mesmo se cria e recria? O mistério do tempo é o mais difícil de decifrar.

O arco-íris é uma das provas mais evidentes da magia do mundo. Na verdade, toda luz e toda cor são mágicas.

Tudo que acontece no céu, nuvens, relâmpagos e trovões, é mágico.

Água, no banho, na chuva, no gelo, no vapor ou no mar, como é que a água pode mudar tanto?

Como se chega no horizonte? Espaço e distância são magia pura.

Por que o fogo das velas parece dançar? Nos mistérios das energias, do calor e do frio, das temperaturas e radiações, quanto encantamento existe?

Parece praticamente impossível que uma lagarta se transforme em borboleta, mas é verdade. A metamorfose é um dos grandes mistérios mágicos.

Peixes, insetos, animais e plantas nos falam da magia da existência dos mundos diversos.

Toda ciência e toda sabedoria são mágicas, e através delas grandes coisas podem ser realizadas, coisas que alguém poderia chamar de milagrosas.

A comida é mágica. É o eterno ciclo dos seres que se apropriam da matéria de outros seres, para sua própria vida e reprodução.

A música é mágica, e é capaz de abrir as portas do encantamento, fazer voar no pensamento, criar paixão, seduzir um coração, levantar multidões, unir povos, e tantas outras coisas.

O amor é mágico, porque toda magia envolve o amor, assim como a fé.

O sono e os sonhos são mágicos, porque são realidades paralelas, e nos levam para as dimensões do inconsciente criador.

Os espelhos e todos os reflexos são mágicos, porque vibram e devolvem as energias que recebem. Por isso, é muito importante lançar energias boas a cada vez que se vê a própria imagem refletida.

Espumas e bolhas de sabão são coisas mágicas, por motivos óbvios.

Bibliotecas são mágicas, porque concentram sabedoria, mitologia e histórias. Bibliotecas são lugares onde segredos e mistérios podem ser desvendados.

O pensamento é mágico, porque nos comunica com o Universo, com o Ser, e é como uma antena que transmite nossos desejos, recebe orientações, e é como um ímã que nos atrai para a realização de nossas vontades.

O sentimento é mágico, traz sinais, chamados e recusas, e surge, surpreendente ou arrebatador, provoca e faz refletir e pensar. De todos os sentimentos, o mais doce e mágico é o amor correspondido. É possível aprender os sentimentos, para reconhecer as baixas vibrações de medo, ódio, orgulho, indiferença, irritação, impaciência, ansiedade, tristeza, e transformá-las nas altas vibrações da oração, amor, compaixão, caridade, afeto, contemplação e alegria.

A respiração é tão mágica que define a nossa própria vida, e a realizamos incessantemente, do primeiro ao último instante. Viver é respirar.

Os sentidos – visão, olfato, paladar, tato e audição – são mágicos, por todas as vontades que podem realizar.

O corpo é mágico, em cada um dos seus menores detalhes, criação e resultado de milhões de anos de evolução.

As partículas que dançam no raio de sol na sala são mágicas, como um portal para o mundo microscópico.

A terra é mágica, por toda sua imensa diversidade.

O céu é mágico, pela profundidade infinita.

Há ainda muitas outras coisas a acrescentar na lista das coisas mágicas, como veremos.

Ainda criança, olhava para a praia de Copacabana, e via o mar gigante, tão claro durante o dia, e totalmente escuro e invisível, à noite, e queria entender aquela magia. Por outro lado, tinha medo. O mundo às vezes era assustador. Havia perigos nele.

As crianças sentem o medo com força, porque tudo ainda é muito novo. Com o tempo, parece que os adultos se acostumam com o medo, que de vez em quando aflora, o medo da doença, do demônio, de monstros, de bichos e pessoas perigosas, de qualquer coisa que possa fazer mal, de catástrofes, de inundações, de tempestades; de quando falta a luz; de incêndios; da violência, de brigas, da guerra, do horror e da morte.

O medo existe para nos proteger. O medo ensina a cautela. Existe um lado muito positivo no medo.

– Cauteloso morreu de velho, e Seguro foi ao enterro. – Dizia a vó Maria de Lourdes, que adorava ditados populares.

Tomemos como exemplo quem passa por terríveis provações, ou nasce numa família sem amor, ou mesmo sem família, ou enfrenta terrível doença, ou se encontra em dor, ou à beira do fim. Como esta pessoa poderá achar o mundo mágico?

A verdade é que o mundo é mágico, independentemente do que as pessoas pensem e sintam. Não existe vida humana sem provações, e a consciência da morte ou da dor não deve ser impedimento para viver a magia, como realização da vontade.

O que importa mesmo é o momento presente, e o que vem logo depois dele. Se for um momento de dor ou de provação, vai passar. A vida é um eterno recomeço. Milagres e maravilhas são possíveis, em contraste com as provações. Não se pode mudar o passado, mas pode-se sim mudar o futuro, a partir das escolhas que são feitas. E pode-se ter tudo que desejar, com as escolhas certas.

Se a tristeza vier, olhe para a luz, seja onde for. Encante-se com a luz, como se fosse uma criança curiosa. Isso vai restaurar com amor a sua alegria.

Aos três anos de idade, tive hepatite e fiquei tão fraco que não conseguia andar. Carregavam-me no colo até para ir ao banheiro. Fiquei alguns meses na cama, sem poder brincar. Meu consolo era ver televisão e ouvir histórias. Minha mãe lia para mim e meus irmãos, todas as noites, antes de dormirmos. Parava num momento crucial, que me deixava louco para saber a continuação, na noite seguinte. Era o truque da princesa Sherazade, das *Mil e Uma Noites*, o velho truque mágico do folhetim, de sempre deixar um gancho para o leitor querer saber como continua a história.

Muitas vezes, algo que nos parece ruim acontece para nossa evolução, e é para o nosso bem. As provações resultam em transformações positivas ou necessárias. Aprendi essa lição mágica porque o lado bom da doença foi que comecei a ler muito cedo. Aquela capacidade de juntar sons em letras; letras em sílabas; sílabas em palavras; palavras em frases; frases em histórias, tudo isso era muito mágico. Eu tinha o poder de ler. Tinha o poder de viajar pelas histórias sem fim, e estava disposto a descobrir nos livros todos os segredos da magia do mundo.

Como uma criança, olhemos com fascinação para cada novo momento, cada nova descoberta. Esta é a magia da infância, que alegra e ilumina os Caminhos do Mago.

4

A magia da natureza

Toda criança (e todo adulto também) quer ter poderes. As histórias sempre nos falam de pessoas com poderes, e por isso são fascinantes. O encantamento é universal. Em todas as sociedades humanas, contam-se histórias de seres com poderes maravilhosos. E é realmente possível conseguir grandes poderes, como veremos no decorrer deste livro.

Uma das primeiras magias que se pode aprender é a magia de se comunicar com os bichos. Para que esta magia se realize, é preciso amar um bicho. Não se pode entender e conversar com um animal pelo qual não se tenha amor.

A experiência ensina a compreender a quem se ama. É possível realmente entender o que dizem os cães e os gatos, por exemplo, quando querem brincar; quando têm medo; quando estão com fome; e muitas outras coisas assim. Para alguns, conversar com bichos e plantas pode parecer algo surreal, mas aqueles que já amaram plantas e bichos, esses sabem exatamente do que estou falando.

Aprender a linguagem das plantas também é possível para quem cuida delas. Amar plantas e flores, regá-las, brincar com a água, ver a beleza das gotas nas folhas e pétalas, tudo isso é magia que traz a paz.

O orvalho a cada manhã é também mágico, mais uma prova da inteligência que existe no universo. Poucas coisas são mais evidentemente mágicas que as ervas e todo tipo de plantas.

Cada flor, cada folha, cada fruto tem um poder que se pode conhecer, se se estudar para isso. Existe cura na natureza para todos os males. Todo veneno tem seu antídoto, que apenas precisa ser descoberto.

A magia da natureza pode ser despertada pelo desabrochar das sementes. É mágico ver o broto emergir da semente, na terra ou no algodão molhado. A árvore já vive de alguma forma na semente, como o velhinho no bebê. É mágico acompanhar o milagre do crescimento, da mutação, da evolução dos seres, através dos contrastes.

Para trilhar os caminhos do mago, é necessário plantar pelo menos uma árvore, no mundo, e de preferência muitas árvores. O resultado da magia da natureza é a conquista de grande felicidade.

Florestas ardem, pela ganância de gente que quer destruí-las para ganhar dinheiro com plantações de soja e fazendas de gado. Todos devemos fazer a nossa parte para criar um mundo melhor. Todos devemos plantar árvores e plantas, pela vida. Que toda árvore derrubada mereça o reflorestamento de duas. Todas as florestas são mágicas.

Para experimentar a magia da natureza, abrace as árvores e converse com elas, sentindo amor por elas. Abraçar uma árvore é sempre uma experiência mágica. *Meu Pé de Laranja Lima, O Menino do Dedo Verde* e *O Pequeno Príncipe* são histórias encantadoras que ensinam muito sobre o mágico amor pelas plantas.

A magia da natureza acontece toda vez que se entra em contato com ela. Quem quiser experimentar esta grande e poderosa magia, deve cuidar de um bicho, de um jardim, de uma horta ou de uma flor. Aconselho a todos os magos e magas que plantem sempre, como forma de aumentar grandemente seu poder mágico.

Para entender qualquer ser neste planeta e aprender a falar sua língua, é preciso amar, no sentido de nutrir, cuidar e proteger. Aprender a linguagem silenciosa das plantas e a amorosa fala dos bichos facilita muito a compreensão dos humanos também. Tudo que existe na natureza tem magia. E precisa de amor. Para ser amado, basta amar.

5
A magia da invisibilidade

Quem nunca teve a vontade de ser invisível? Acho que toda criança do mundo tem vontade de ter esse poder, inclusive as crianças que sobrevivem dentro da mente dos adultos. E mesmo os adultos, em alguns momentos, adorariam ficar invisíveis, se pudessem. A grande verdade é que a invisibilidade existe e tem mais poder que muita gente imagina. Na verdade, a maioria das coisas é invisível.

Quem não adoraria ter uma capa da invisibilidade? Porém, mesmo sem essa capa, é possível exercitar a magia da invisibilidade, pela pura energia da vontade.

É possível também ficar invisível pela reclusão ou pelo esconderijo. Qualquer criança sabe disso. Há muitas coisas que as crianças sabem, e os adultos esquecem. Quando uma criança quer exercitar o poder de invisibilidade, anda silenciosamente a se esconder, sem ser notada, até eventualmente ser descoberta.

A invisibilidade existe quando se está inalcançável, e é um dom que merece ser exercitado, para se livrar de energias perturbadoras. Colocar barreiras que nos afastem de quaisquer seres que queremos longe de nós é sempre bom.

– Quando um não quer, dois não brigam – já dizia a minha avó.

O silêncio e a falta de resposta funcionam muito bem com quem se quer evitar, e são um modo de praticar a magia da invisibilidade. São mágicas respostas para todo tipo de energia perturbadora ou ruim. Às vezes, é preciso se defender, sem dúvidas, mas deixar o silêncio ecoar no ar, simplesmente não responder, ignorar, também tem grande poder mágico.

É possível ficar inalcançável e mesmo invisível para alguém. É muito útil, quando não se quer falar com uma pessoa, por pressa ou alguma outra razão, ou quando não se quer fazer alguma coisa.

Há momentos sim, para se esconder e ficar invisível, por exemplo, toda vez em que é preciso se dedicar a algum trabalho, para alcançar algum resultado, ou durante algum estudo, para passar em alguma prova ou obter conhecimento através de pesquisa. Em todas essas ocasiões, ficar inalcançável ou invisível tem inestimável poder mágico.

Há outras coisas importantes a considerar sobre a invisibilidade. Nesse tempo de redes sociais, em que todos estão conectados por aplicativos, as pessoas mostram o que querem, mas muitas coisas ficam invisíveis.

Na verdade, o que se vê é apenas uma minúscula parte de tudo que existe. A verdade nem sempre é aparente para os olhos. "O essencial é invisível para os olhos", já dizia o Pequeno Príncipe, no livro mágico de Saint Exupery.

Existem na verdade muitas coisas e seres invisíveis. Os próprios físicos reconhecem que a maior parte do espectro da luz é invisível, como por exemplo os raios ultravioletas, infravermelhos, ou os raios X. Há muitas energias e dimensões que nossos olhos não veem.

Há um mundo microscópico, bactérias e vírus, invisíveis para os olhos e nem por isso menos reais. A cada dia, cresce a consciência da importância do que é invisível, sobre o mundo visível. Um minúsculo vírus, o covid19, mudou a história da humanidade.

A eletricidade, raios, ondas e vibrações que atravessam o espaço, à nossa volta, onde quer que estejamos, tudo isso é invisível. Existe na verdade uma imensidão de seres invisíveis, em várias dimensões.

As dimensões invisíveis são reais e influenciam os resultados do que acontece no mundo da matéria, da vigília, onde vivemos cada dia de nossas vidas.

Recentes pesquisas sobre o Universo demonstram que a matéria composta de átomos é uma pequena parte de tudo que existe. A matéria escura e principalmente a energia escura são a maior parte de tudo que existe. O mundo invisível é muito maior do que o mundo visível.

O mago aprende a ver onde outros não veem. Um dos melhores dons da magia é enxergar o que é invisível para os outros. É muito útil exercitar o poder e a compreensão da invisibilidade.

"A harmonia do que é invisível é mais forte do que aquilo que é visível", já dizia o sábio filósofo Heráclito.

Medite sobre os mundos, o macroscópico e o microscópico, e pense sobre o que dizia o Pequeno Príncipe de Saint Exupery: "o essencial é invisível para os olhos".

Além de tudo que existe no mundo visível, medite sobre o mundo interior, o mundo do espírito, e busque compreender cada vez melhor as dimensões invisíveis, mas também existentes.

6
A magia da levitação

Quem não desejaria voar? Eu me equilibrava, na beira da cama, e ia projetando meu corpo para a frente, lentamente, tentando alcançar a difícil e rara arte da levitação. Tinha escutado que mestres iogues, monges tibetanos, homens sagrados da Índia e santos católicos tinham conseguido levitar, então eu também queria pelo menos tentar. Houve um dia em que tive a nítida sensação de voar e flutuar pela casa, a um metro do solo, de quarto em quarto, mas foi apenas um sonho. Ou talvez uma projeção em que o meu espírito vagou flutuante pela casa, como eu queria fazer com meu corpo. Com o tempo, aceitei como realidade que o meu corpo físico não voa como os pássaros, a não ser com a ajuda de máquinas. No entanto, na mente, no espírito, no pensamento, no sonho, é possível levitar. Somo livres para voar e criar. Na verdade, mesmo quando parados, estamos voando, a bordo do planeta, em velocidades imensas, pelo Universo.

Projeciologia, a enciclopédica obra de Waldo Vieira, é um imenso tratado sobre a projeção, componente mágico essencial da realidade em que vivemos, em diversos níveis, ao mesmo tempo.

O corpo astral, livre da gravidade material do mundo físico, toca noutras realidades, através da projeção da sua energia, e assim termina por influenciar o próprio mundo da matéria.

Exercício mágico, muito útil, é projetar-se, deixar a mente viajar para onde deseja, e ver-se como num filme, chegando onde se quer, vivendo o que se almeja.

Projetar-se é um dom mágico que deve ser desenvolvido.

Pensamento, sentimento e espírito voam em dimensões invisíveis, que a pesada matéria não alcança.

Quando se voa com o espírito, este comanda a matéria para que a magia se realize, no mundo visível.

Os caminhos para o sucesso são mostrados através de projeções da mente, nos exercícios mágicos de verdadeira levitação astral.

Veja interiormente o que quer que aconteça, na realidade. Coloque no papel os seus sonhos, e eles se transformarão em realidade.

Sempre se pode sonhar com algo que se pode realizar. Ou mesmo com algo que parece impossível, mas que o milagre pode atingir, algo assim como a eternidade do Ser ou qualquer realização no mundo material.

Voe você também, com seu espírito, e realize neste mundo aquilo que ama e deseja, para o seu bem e o bem de quem você ama.

7
A mágica arte de sonhar

Todos nós, durante o sono, vivemos em uma diferente dimensão do Ser, uma realidade onírica, ainda que não lembremos disso. Sonhamos ao dormir, e sonhamos também acordados, e os dois mundos – o da vigília e o do sono – se relacionam mais do que as pessoas costumam compreender.

Tinha um pesadelo que se repetia. Estava na minha cama e escutava uivos. Era o lobisomem, que entrava na casa, onde eu estava sozinho. Tentava fugir, esconder-me, mas o monstro me achava, pulava em cima de mim e me sufocava, enquanto dizia meu nome. Acordava apavorado, mas depois de algumas vezes, consegui mudar o final e escapar do monstro. Sem saber, intuitivamente, tinha começado a dominar a mágica arte de sonhar.

Os sonhos estão na origem de toda a magia, como vontade, que quer se realizar no mundo. Saber os caminhos para realizar as próprias vontades é ter poder, e isso é mágico. Conseguir que as coisas aconteçam como se deseja, apesar dos obstáculos e provas, esta é a verdadeira magia.

Calderon de La Barca, com *A Vida é Sonho*, e Shakespeare, em *Sonho de Uma Noite de Verão*, ambos encontraram a delícia da eternidade, ao escrever sobre o mágico mundo dos sonhos. Como disse Shakespeare, "somos feitos da mesma matéria dos sonhos". É bem parecido com o que disse Calderon: "toda vida é sonho".

O Buda Sakyamuni orientava seus discípulos para encarar tudo na vida como sonho. Já na Antiga Grécia, no diálogo de Sócrates com Teaetetus, narrado por Platão, "está aberto para discussão se estamos acordados ou sonhando".

Os sonhos têm grande importância nos mitos de todas as culturas. Em toda a Bíblia, são inúmeras as referências e histórias que envolvem os sonhos.

José do Egito tinha o dom de profetizar através dos sonhos. A clarividência, através do mundo dos sonhos, é um dom que poucos têm, mas pode ser desenvolvido. A sabedoria traz clarividência, e o sábio enxerga agora o que virá depois. Na verdade, sempre haverá altos e baixos, e José não poderia jamais errar com os sonhos da fartura e escassez, a lição das vacas gordas e das vacas magras. A vida é como esses sonhos de José. Sábio é quem poupa nos tempos da fartura, para ter sempre, sem faltar, em tempos de escassez. A fábula da cigarra e da formiga nos dá a mesma lição, o valor da economia. Poupar, sem ser avaro, sabendo desfrutar, sem nunca deixar faltar, é uma arte mágica, que ajuda a realizar o também mágico sonho de ser rico e aproveitar a fortuna.

Também para o islamismo, os sonhos têm grande importância. Maomé recebeu o primeiro capítulo do *Corão* do anjo Gabriel, enquanto dormia.

Grandes estudiosos sobre a magia dos sonhos são Freud, Jung e Castañeda. Com Freud e Jung, entende-se que os sonhos são uma porta de compreensão do inconsciente, lugar mágico de origem criadora. Apesar de terem conversado muito sobre o assunto, os dois divergiram sobre a interpretação dos sonhos. Pessoalmente, acho que interpretar os sonhos é um dom, e uma mesma coisa pode aparecer em diferentes sonhos de diferentes pessoas com diferentes significados. A verdade é que todos os seres humanos sonham, e é difícil generalizar sobre os símbolos que aparecem nos sonhos.

Castañeda, no livro *A Arte de Sonhar*, ensina que o mundo dos sonhos tem realidade e regras próprias, algumas bem diferentes, outras muito semelhantes àquelas do mundo da vigília. Nos dois mundos, sonho e vigília, quem não tem consciência é levado pelo turbilhão dos acontecimentos, sem nenhum controle sobre o próprio destino. Mas aquele que se torna consciente de que está sonhando ou de que está vivendo, pode de verdade direcionar os rumos do seu sonho ou de sua vida. Procure desenvolver a consciência em outras dimensões, como vontade, emoção, pensamento e astral, no sonho e na vigília.

Nem todos os sonhos são premonitórios, mas alguns podem ser. Há casos famosos, registrados na História, como os sonhos premonitórios dos imperadores Júlio César e Alexandre o Grande, do presidente Abraham Lincoln e do escritor Mark Twain, entre muitos outros, de pessoas bem menos famosas. Prever coisas através dos sonhos também é um dom mágico, que merece ser exercitado por quem o possuir.

Experimente um exercício de Castañeda para aumentar o poder, no mundo dos sonhos assim como na vida. Prepare-se e concentre-se, antes de dormir. A ideia é adquirir durante o sonho a consciência de que se está sonhando, e então viver no sonho o que se deseja, por exemplo, voar, realizar um desejo ou vencer o inimigo. Quem sabe o que quer, no sonho ou na vida, tem grandes chances de conseguir o que deseja, se souber manter o foco.

Um homem é do tamanho dos seus sonhos, como disse o imortal poeta português Fernando Pessoa, o mesmo que disse que tinha todos os sonhos do mundo. Vale lembrar que Fernando Pessoa era ele mesmo um mago, estudioso dos assuntos do ocultismo.

Outra grande escritora em língua portuguesa, Clarice Lispector, também estudiosa da magia, escreveu sobre o sonho: "*O que é que pode mais do que um sonho?*"

Dizem que é de Clarice também este poema abaixo:

"Sonhe aquilo que você quer ser, porque você possui apenas uma vida e nela só se tem uma chance de fazer aquilo que quer. Tenha felicidade bastante para fazê-la doce. Dificuldades para fazê-la forte. Tristeza para fazê-la humana. E esperança suficiente para fazê-la feliz. As pessoas mais felizes não têm as melhores coisas. Elas sabem fazer o melhor das oportunidades que aparecem em seus caminhos. A felicidade aparece para aqueles que choram. Para aqueles que se machucam. Para aqueles que buscam e tentam sempre. E para aqueles que reconhecem a importância das pessoas que passaram por suas vidas."

Um dos dons mais importantes a serem desenvolvidos pelo praticante de magia é a arte de sonhar acordado o que se acredita que se pode realizar. Medite sobre o seu sonho possível.

Há grande magia no sono e no descanso. Observe que os melhores dias acontecem quando se descansou bem. A energia simplesmente não flui de forma tão favorável quando se está cansado. A magia do sono influencia a qualidade das experiências no mundo da vigília, essa dimensão em que você se encontra, quando acordado. Tudo fica mais difícil quando se está cansado.

O livro *Fique Rico Dormindo*, de Ben Sweetland, tem um nome engraçado, mas é profundamente verdadeiro. Muitas vezes, quando se sente mal, ou sem saber a solução para algum problema, tudo que se precisa é relaxar, descansar. E então magicamente a solução para o problema aparece, depois do descanso. Se duvida, tente você mesmo. Às vezes, é mesmo preciso descansar. O sono reconecta o indivíduo ao todo. É como recarregar a bateria, elevar o nível de energia.

O grande poder mágico do descanso é que, no final dele, encontra-se a solução criativa para qualquer problema.

Faça a si mesmo uma pergunta sobre algo que precisa resolver, e peça a resposta apenas depois de se divertir e descansar muito. Verá como esta magia funciona, maravilhosamente.

8
A magia da telepatia

Desde pequenos, escutamos que usamos apenas uma pequena parte do cérebro, que tem potencial para muito mais. Acredito que isto seja verdade, e todos podemos desenvolver e evoluir nossos dons.

Comecei a exercitar meus poderes telepáticos, ainda criança. Com meus avós, pais, irmãos e primos, fiz diversas experiências com as cartas de Zener, aquelas que tem os símbolos de ondas, cruz, estrelas, círculos e quadrados. Apesar do começo difícil, meus poderes telepáticos cresceram grandemente com o tempo. Muitas vezes, hoje, penso ou intuo o que outra pessoa está a pensar ou sentir. Penso numa pessoa, e ela me liga ou manda mensagem, no instante seguinte. Sei que muitos duvidarão disso. Outros terão certeza que é verdade.

Aqueles que acreditam que é impossível jamais conseguirão dominar o dom da telepatia. Aqueles que acreditam podem conseguir resultados surpreendentes.

A grande beleza mágica do mundo é que ele reage a como cada um o projeta. Os que acham que a vida é dura, injusta e cruel, assim vivem a vida. E os que acreditam que é possível romper o ciclo da dor e viver com amor cada instante, conhecem a magia da luz espiritual.

A magia da telepatia acontece toda vez que se pensa em alguém que logo depois liga ou manda mensagem ou se encontra, teoricamente por coincidência, mas na verdade porque a energia atraiu telepaticamente a outra pessoa.

Na adolescência, tive experiência telepática extraordinária com a amiga Ana Ventura, colega da escola do Teatro Tablado. Na trilha para a cachoeira, em estado alterado de consciência, escutava os pensamentos dela, e ela escutava os meus. Muito surpresos por aquilo estar acontecendo, eu e Ana conversamos algum tempo, apenas através da telepatia. Desde então, tive a certeza absoluta da possibilidade de desenvolver a telepatia, a comunicação não verbal.

Através de pequenos gestos ou do olhar, pode-se entender o que o outro quer ou está pensando. A linguagem corporal é uma forma de expressão que pode ser compreendida por quem quiser estudá-la, como no livro *O Corpo Fala - a Linguagem Silenciosa da Comunicação Não Verbal*, de Pierre Weil e Roland Tompakow, ou na vida, por experiência própria, pelo desenvolvimento do dom da observação do outro. São muito interessantes os estudos que mostram como os mentirosos desviam o olhar, ao mentirem, e é quase sempre possível descobrir quando alguém está mentindo.

Apesar de todo o poder mágico de telepatia, a maior parte do que se passa na cabeça dos outros é mistério. Não se pode saber tudo. É comum que as pessoas nos surpreendam. Fomos todos criados assim, com liberdade para pensarmos o que quisermos. Eventualmente, pode-se até descobrir o que alguém está pensando, mas a regra geral é a do mistério.

A mais importante telepatia, logo descobri, não é aquela que às vezes se estabelece entre duas pessoas, em níveis até profundos. A mais importante telepatia é a que existe entre cada um de nós e o Universo.

Existe ainda muito para entender sobre o funcionamento do cérebro, e como isso se processa, mas a verdade é que nossos pensamentos e sentimentos são como ímãs e são também projetores. Nosso cérebro funciona como antena transmissora e receptora de energias, comunicando nossos medos e desejos ao Universo, que então nos responde.

Tudo no Universo está conectado. Ao projetar-se uma vontade, através de sonho, emoção, pensamento, intenção e principalmente ação, pode-se modificar o mundo astral e o mundo material, desenvolver e evoluir o espírito. Cada um de nós pode realizar coisas verdadeiramente mágicas.

Como tudo está também conectado, energias malignas ou perturbadoras podem eventualmente tentar nos atingir. Por isso, é bom estar espiritualmente com a guarda bem fechada, para que não se permita a aproximação de qualquer mal. É preciso saber se proteger, evitar os perigos desnecessários, andar pelos caminhos iluminados e do bem. Afastar os maus pensamentos e transformá-los em bons, isto é exercício poderoso para a felicidade. Viva o bem, no corpo e na mente, a cada instante, amém.

9
A magia das coisas encantadas

É a fé, imbuída de amor, o que faz a magia ter poder. Todos os textos sagrados ensinam sobre a fé e o amor. Os *Vedas*, os *Sutras*, o *Talmud*, o *Zohar*, a *Bíblia*, o *Corão* e os textos espíritas, entre outros, são livros mágicos, encantados, por serem símbolos de amor e fé.

A magia do encantamento acontece sempre que uma coisa, uma ideia ou um símbolo são investidos de poder e fé.

Amuletos, alianças, objetos de estimação, imagens sagradas ajudam a colocar o pensamento onde se deseja e assim atrair o que se quer.

Nas religiões monoteístas, como no judaísmo ou algumas igrejas protestantes, o uso de imagens é condenado por idolatria, para que não se reverencie nada além de Deus, porém mesmo essas religiões têm seus livros sagrados, seus templos, instrumentos consagrados pela magia das coisas encantadas.

No Brasil, muita gente acredita em magia, poderes sobrenaturais, anjos e fantasmas. Há as superstições, como não passar debaixo de escadas, para evitar má sorte, ou bater na madeira, para que um mau pensamento não se torne realidade. Nos Estados Unidos, também se bate na madeira, pelo mesmo motivo.

Algumas coisas, herdei da minha avó: não falo nunca, em hipótese alguma, a palavra que significa o contrário da sorte. Minha avó achava que atraía má energia. Como acreditei nisso, assim se tornou para mim. Assim é a vida: o que acreditamos torna-se verdade para nós, e às vezes também para quem está próximo a nós.

No terreno das coisas mágicas que aprendi com meus avós, lembro da simpática fórmula mágica para achar coisas perdidas:

São Longuinho, São Longuinho, fazei com que eu ache (o que foi perdido) que dou três pulinhos.

Podem achar graça, mas funciona, magicamente, porque quando se realiza esse singelo ritual, coloca-se na mente a fé de encontrar o que foi perdido, e isso tem poder. Da mesma forma, outros rituais simples, que muitos julgam ser superstições, funcionam por ajudar a colocar foco e fé no objetivo a ser alcançado. Por exemplo, evite falar ou pensar coisas ruins, para não as atrair.

Há muitas histórias de pessoas que realizaram milagres. Sonho que este livro realize o encantamento de que você, que está lendo isso agora, também possa realizar milagres, em sua vida.

Os Caminhos do Mago são os caminhos do Amor. Pode-se evoluir por eles, no caminho da santidade, da plena iluminação espiritual, do amor sem falhas. Pode-se ter fé e amor, a ponto de fazer milagres.

O Ser dá origem a múltiplos e infinitos seres, encarnados, feitos à sua semelhança, não por imagem humana, mas pelo poder de realizar a própria vontade. Somos todas criaturas que viemos mudar o mundo, participantes e cocriadores da Grande Obra.

Medite sobre aquilo que quer criar em sua vida. Que coisa deseja tornar encantada? A que ideia ou causa se devota?

10

A magia do Ser

Sempre haverá mistérios a revelar.

A sabedoria do que É permite que as pessoas realizem verdadeiros milagres.

Javé ou Jeová - o nome do Deus Único, para os antigos hebreus - significa "Aquele que É". Jesus ou Iesu significa "eu sou".

Deus é o "de eus", o "de todos os eus". Deus é o Um, e tudo o que se cria a partir do Um.

Deus é o Ser. Deus é o que Existe. É o que está acontecendo, aqui, agora, e onde houver algo, no Universo.

Segue abaixo uma pequena lista resumida de atributos mágicos do Ser.

Onde algo existe, ali está o Ser.

O Ser É. O não-ser não é. A conclusão lógica disso é que fomos, somos e seremos, pela eternidade.

O Ser está em todos os lugares em que algo existe, ao mesmo tempo.

O que não é pode vir a ser, pode ser criado, mas ainda não existe.

Algumas coisas não são para ser, e é preciso aceitar isso.

Os seres criados no espaço estão sempre a mudar, na dimensão do tempo.

Algumas pessoas questionam a existência de Deus, como criador inteligente de tudo que é, sem entenderem que Deus é o Ser.

Alguém pode duvidar da existência do Ser?

O Ser é divinamente inteligente. Possui suas próprias leis, e a maior de todas é o Amor.

O Ser está presente onde há existência visível ou invisível.

O Ser está em constante comunicação com tudo que existe, inclusive nós mesmos, ainda que nem sempre percebamos isso.

Somos todos manifestações e criaturas do Ser.

Tudo que existe é criado pelo Ser inteligente.

O Ser está em nós e fora de nós.

O Ser é onisciente, e sabe tudo que acontece.

Por sermos, somos todos cocriadores do Ser.

Por amor, o Ser dá vida a todas as almas.

Sendo, sempre fazemos escolhas.

Não existe nada além do Ser.

O Ser sempre se renova, no Tempo.

O Ser existe, cria e move a energia de infinitos seres à nossa volta, além da nossa própria energia.

Por amor, o Ser dá vida a todas as suas criaturas.

Por amor, o Ser dá liberdade às criaturas para que façam suas escolhas.

Os céticos duvidam dos poderes da religiosidade e da espiritualidade. Sempre haverá quem não entenda a natureza sagrada do Ser. Para alguns, "a religião é o ópio do povo", e alguns crêem que todos que falam de fé e magia querem se aproveitar da ignorância alheia. Para esses, as igrejas roubam os tolos, Deus não existe, e tudo é fruto do acaso. É verdade que mais de uma igreja já abusou e roubou seus fiéis, porém isso não tem nada a ver com a verdade do Ser, daquilo que realmente É.

A magia do Ser acontece quando se conecta diretamente à fonte do Ser, quando se cria relação direta e pessoal com o Ser, e assume-se a responsabilidade como cocriador do mundo.

Como pode universo tão inteligente, um mundo tão ordenado, em que tantas maravilhas foram criadas, ser apenas obra do acaso?

Alguém terá a liberdade de pensar que o mundo é o caos, que não existe ordem nenhuma no mundo, mas a verdade é que existe a ordem que dá estrutura e vida a tudo que é, em todas as dimensões, através de todos os tempos.

Como pode algo tão complexo, que a inteligência humana não consegue entender em sua completude, ser fruto apenas da coincidência? Existe inteligência na criação.

Alguém poderia pensar que não existe inteligência num mundo de crianças com câncer, mulheres violentadas, pessoas assassinadas e guerras hediondas. Alguém há de pensar que, se Deus existe, deveria acabar com essas barbaridades. Porém, a verdade é que o mal existe como corolário inevitável da liberdade, construída pelos contrastes, no mundo do espaço e do tempo, onde cada ser é livre para se mover para o amor ou para sua negação.

Para o Ser, não existe o fim dos seres, que estão sempre a renascer, porque o Ser é eterno. Os mesmos nêutrons, prótons e elétrons que estão em nós já estavam no começo dos tempos.

Todas as criaturas experimentam vida e morte, porém a morte não é o fim, como muitos pensam. A morte é passagem. A morte é apenas mais uma mudança. E a mudança é eterna, como tudo que existe.

Sempre haverá quem não acredite na vida eterna, mas a verdade é que todos somos parte de algo que muda sempre e é eterno, ao mesmo tempo. Depois do aparente fim, de novo existiremos, de outra forma, e existirão também de novo os que morreram por causa de doença ou violência.

Para muitos, é óbvia a divina inteligência que cria tudo que existe. Para outras pessoas, não é tão evidente assim. Mais de uma pessoa vacila na fé, na vida, e isto pode acontecer mesmo com quem tem muita fé.

Desde Hermes Trismegisto, os gnósticos, ao considerarem as imperfeições do mundo material, pensaram que este poderia ser a criação de um demiurgo, um deus menor. Mas se o Universo foi arquitetado com inteligência, quem criou esse demiurgo, o arquiteto do universo?

No *Upanishad* hindu, Joseph Campbell recolheu uma citação de imenso poder:

"*Então percebeu: eu mesmo sou esta criação, e vim de mim mesmo. E assim tornou-se sua própria criação, e aquele que sabe disso se torna um criador nesta criação*".

A magia do Ser é aceitar o momento presente, entender que a vida é inteligente e nos propõe escolhas, para nossa evolução, que acontece através de inevitáveis mudanças.

A magia do Ser é se conscientizar que temos o poder de criar nossas vidas. Carregamos em nós este poder. Influenciamos também as vidas próximas a nós, através de nossas escolhas.

A magia do Ser acontece quando se ama o que É, aceita-se a realidade e atua-se sobre o momento presente, com a escolha mais amorosa.

Todo ato de amor, que presta serviço a alguém, vale a pena. Cada um que evolui faz o mundo evoluir também.

"*No princípio, era o Verbo*". E o Verbo é Ser.

No Atlantic College, onde estudei, havia gente de mais de sessenta países. Deus era chamado lá de muitos nomes. No entanto, era sempre o mesmo Deus. É sempre o mesmo Ser, qualquer que seja o nome que lhe dermos, Deus, Jeová, Javé, Allah, Jesus, Olorum, Zambi, Brahman, Natureza, Universo ou Ser, entre muitos outros nomes que há.

"*Quem ama encontrar a Deus, Deus amará encontrá-lo*", disse o profeta Maomé.

O Ser é o que é, qualquer que seja o nome que lhe damos.

O Ser é eterno. Somos pela eternidade, ainda que muitos não consigam enxergar, aceitar ou entender isso. A magia do Ser acontece quando se entra em contato diretamente com o que É, com fé na inteligência que rege o Universo e plena consciência de atrair o que se precisa, para fazer o bem. Medite sobre sua aceitação do que existe em sua vida, suas escolhas presentes, e pense se elas são amorosas. A quem você serve? A quem você faz o bem?

11
A magia da fé

Todos nós, seres humanos, já escutamos histórias de homens e mulheres que realizaram feitos incríveis, ou que tinham poderes extraordinários, de cura, ou gênio, entre outros. Em todas as culturas do planeta, há histórias de seres sagrados, iluminados, tocados pela divindade, que realizaram milagres. Para realizar milagres ou qualquer grande feito, no mundo, o segredo mais evidente é a Fé, aquela que move montanhas.

Se houver Fé, não apenas montanhas podem ser movidas, mas qualquer milagre possível pode ser realizado, pode-se vencer o mal, ensinar as multidões, curar, entender a ressurreição dos mortos ou criar as novas invenções que mudam para sempre a vida da humanidade. Nada é impossível para quem tem Fé. "*Não se encontra o paraíso sem a fé, e não se encontra a fé sem amor*", escreveu o profeta Maomé.

Não se pode adiar a passagem da morte para sempre, mas com fé, pode-se pedir pelo milagre de mais tempo. Quando meu pai estava na UTI, desenganado, pedi a Deus por mais tempo para ele. Naquela noite, meu pai sonhou que estava diante do Trono da Glória, e recebeu a mensagem de que ganhou mais tempo, a meu pedido. Pouco depois, saiu da UTI, e viveu mais alguns anos, com algumas outras breves passagens pelo hospital, até chegar sua hora definitiva.

Quem consegue visualizar uma coisa como real e age para que aconteça, com paciência e perseverança, realiza seu desejo.

Passo a passo, ao longo das maiores provações da vida, é possível aprender a verdadeira magia da fé, capaz de realizar grandes maravilhas no mundo.

Acreditar e fazer o possível para se realizar a boa vontade tem grande poder. Se a fé se torna coletiva, como numa visualização coletiva, ou oração em grupo, milagres tornam-se mais fáceis. Criar um grupo de oração, com fé, consegue resultados extraordinários.

Se você consegue se ver atingindo seu objetivo, nenhum obstáculo será invencível. Se não acredita ou acha impossível, será muito difícil conseguir. Assim são as coisas.

É preciso primeiro saber o que se quer, e depois saber que se é capaz.

Sempre haverá provações. Isso também é verdade: não há conquista sem obstáculos. A magia acontece quando as dificuldades são vencidas.

Medite sobre o que você acredita. Se não tiver fé que pode alcançar um objetivo, é melhor desistir e encontrar outro. Se tiver fé, se for possível, e se fizer as escolhas certas, o mundo lhe dará o que deseja.

12

A magia da passagem

Para se ter certeza da existência da vida após a morte, basta estudar, sem preconceitos, os relatos dos que estiveram mortos e voltaram, nas chamadas experiências de quase morte. Todos relatam coisas muito semelhantes, túneis de luz, outros seres à espera, a visualização do próprio corpo, visto de um ângulo aéreo, entre outros fenômenos.

Os mais céticos podem ainda pesquisar na internet os relatos de crianças que têm memórias de vidas passadas, um fenômeno mais comum do que se imagina, principalmente entre dois a cinco anos de idade. Há histórias realmente impressionantes, capazes de fortalecer a fé, ao ponto da certeza, no ser além-vida e na reencarnação das almas.

Para haver vida, tem que haver morte. Evoluímos pela experiência dos contrastes, num mundo de provações, em que a nossa fé e nosso amor são testados. O Ser permite a morte, as crianças doentes, as barbaridades das guerras e a extinção das espécies, porque depois haverá nova vida, saúde, paz e novas espécies. Para o Ser não existe a morte, existe apenas a passagem entre diferentes estados da existência.

Esta explicação lógica nos permite estar em paz com a certeza da inevitável derradeira passagem. Quando o "eu" atual tiver fim, outro "eu" nascerá da mesma fonte inesgotável e eterna do Ser, numa sucessão infinita de egos, de alguma forma relacionados, ligados ao que "eu" sou hoje, por fios invisíveis de energia, da alma, da cultura, da língua, ou mesmo por meios materiais, como genes espalhados pelo mundo, numa grande teia de existência sem fim.

Nossos antepassados vivem em nós, através de genes herdados e, muito provavelmente, pela transmigração das almas. Isso explica também porque as pessoas nascem com dons tão diferentes.

Com certeza, alguns não terão esta mesma fé, e talvez para esses a morte seja mesmo o fim, porque o Universo responde ao modo que pensamos. Se é assim, é melhor pensar que teremos nova vida após a morte.

O sagrado livro hindu *Bhagavad Gita* revela o segredo de que vamos para onde vibramos em nosso último suspiro. Por isso, no último momento, nos instantes derradeiros de consciência, deve-se estar preparado para vibrar com infinito Amor pela grande fonte de toda criação, a divina inteligência do Ser, criador do Universo, a unidade feita de opostos. Partir, cercado de Amor, a vibrar Amor, quando chegar a hora de seguir rumo à próxima vida, é a morte dos iluminados.

Tudo no mundo acontece em ciclos. Dormimos e mergulhamos no oceano do inconsciente, no mundo dos sonhos, quase como uma pequena morte, de que despertamos para mais um dia de vida. O sol renasce a cada nova aurora para se despedir a cada novo poente. A lua todos os meses vive o ciclo de nascimento, crescimento, plenitude e desaparecimento. As almas dos homens são como as águas, que descem dos céus para voltar a ele, como disse o magnífico poeta Goethe, o mesmo que narrou a luta humana de Fausto contra a possessão maligna e mefistofélica.

Um dos maiores mistérios é o da segunda morte, mencionada pelo santo Francisco de Assis. Em sua obra-prima, a oração *Cântico das Criaturas*, o santo Francisco se refere assim à Morte, em versos que ele acrescentou perto do fim de sua vida:

"Louvado sejas, meu Deus, por nossa irmã, a Morte corporal
De que nenhum ser vivente pode escapar.
Ai daqueles que morrem em pecado mortal!
Bem-aventurados os que cumpriram a Tua Santíssima Vontade
Porque a segunda morte não lhes fará mal."

O que é a segunda morte? A primeira morte é a do corpo, e infeliz o que odiar ou tiver maus sentimentos neste momento, e feliz o que amar até o fim, porque então a segunda morte - a do espírito que se reencarnará em novo ser - será boa. O santo de Assis assim nos passa a mesma mensagem do milenar *Bhagavad Gita*. É mágico poder comparar sabedorias de origens diversas.

Se não houvesse a Morte, que importância teria o tempo? É a Morte, esta maravilhosa criação divina, que renova até mesmo o Tempo, fazendo que cada instante morra para dar lugar ao próximo. É a Morte que dá sentido a cada dia, fazendo que cada um aproveite o melhor que puder a sua breve existência. Por sentirmos que a vida é sopro fugaz, somos compelidos a usá-la tão bem quanto pudermos.

A Fé nos faz mais fortes, a ponto de nos reconciliarmos mesmo com a ideia da Morte. A morte não é o fim, ela é mudança para um novo estado do ser.

Uma das poucas verdades universais é que tudo passa, menos a mudança, como bem percebeu o antigo e mágico filósofo Heráclito.

Por onde foram nossos entes queridos, também iremos nós. Para quem tem fé, a magia da passagem permite o reencontro, na vasta estrada da eternidade.

Quantas vezes na vida temos que nos despedir? Algum dia, todos temos que nos despedir das pessoas que mais amamos, dos lugares onde vivemos, dos bichos de estimação, das coisas muito queridas, da infância que voa no tempo, da juventude que vai lentamente ficando para trás, da vida ela própria.

A magia da passagem nos faz aceitar a eterna impermanência, a transformação que nunca tem fim.

É preciso ter essa plena consciência de que tudo passa e viver o presente, que carrega energias que vêm do passado longínquo e se projetam rumo ao futuro distante, de formas que às vezes podem nos surpreender.

Todos que por aqui passamos, vemos o mundo mudar. Na verdade, a cada instante, tudo muda. E, no entanto, de alguma forma, mesmo mutante, tudo permanece.

Nossos familiares e pessoas queridas, mesmo depois de partirem, viverão ainda dentro de nós, em nossas memórias, nos seus exemplos, em nossos genes, nas doces lembranças, plenas de amor.

É preciso lidar com as surpresas, com o fato de que pessoas que amamos também se despedirão, aceitar o que não se pode mudar, partir e deixar partir.

Mentalize e visualize sempre o amor renovado, o reencontro possível com as energias que amamos, a fé dedicada aos objetivos possíveis de alcançar.

A magia da passagem nos ensina a deixar partir. Através dela, aprendemos que não adianta querer ainda o que já não pode mais ser. O que podemos fazer é guardar para sempre toda lembrança de amor, porque – como disse Clarice Lispector – "amar não acaba".

– Qual é a maior virtude de todas? – meu avô João me perguntou.

E assim falamos sobre amor, fé, esperança, caridade e paciência. Meu avô era a pessoa mais paciente do mundo. Ensinou-me a gostar de ópera, a fazer trilhas, a amar e cuidar do jardim, a ser sereno. Foi meu primeiro guia pelas maravilhas da matemática, da literatura e das orações. Muita coisa boa me veio de meu avô. Foi amado por sua esposa, por seus filhos, por seus netos, porque era exemplo de amor constante.

A vida nos ensina a desapegar, de tudo e de todos, até o mergulho de entrega da alma ao Ser, que a transmutará em ainda muitos e muitos seres, criaturas eternas de um Deus mágico. Sim, porque para mim o Ser é sinônimo de Deus. No princípio, agora e sempre, o Ser é o Verbo Sagrado.

Toda separação é difícil e dolorosa, quando existe amor. No entanto, às vezes as separações precisam acontecer. Não é fácil se despedir de entes queridos, avós, pais, irmãos, filhos, quaisquer seres amados por nós. A própria espiritualidade e fé são postas à prova, principalmente na presença das tragédias.

A magia da passagem ensina a deixar partir e a aceitar com fé. Ensina a estar em paz com aquilo que É. Quanto mais velho se fica, quanto mais se evolui, mais se entende que é preciso aprender a magia da passagem. Medite sobre o que se foi. Medite sobre a inevitável passagem de todas as coisas. Medite como pretende usar o seu tempo de vida.

13
A magia das tradições

Fortalecer a fé e decifrar os mistérios, para operar milagres e maravilhas, são coisas possíveis, no mundo. A História é plena de feitos de homens e mulheres notáveis, alguns mais celebrados, outros menos, mas com impacto sobre a humanidade.

Sempre influenciamos os outros, próximos a nós, nossos familiares, e muitas vezes, nossos melhores amigos, às vezes de forma inconsciente.

Ao mergulhar na mística pesquisa sobre os conhecimentos ocultos, para compreender os mistérios revelados a poucos, entende-se que Deus se comunica através de sinais. Os sinais são manifestações do Ser para nos apontar caminhos.

Desde tempos remotos, das primeiras civilizações, há relatos sagrados das antigas tradições, de sumérios, etruscos, babilônios, assírios, e muitos outros, e do Egito nos chegaram os chamados mistérios de Isis, a realidade que existe além da ilusão, a sabedoria além da aparência, também chamada de selo de Salomão.

O mesmo tema foi tratado em outras culturas, por exemplo, entre os antigos gregos, a verdadeira luz além das sombras que enxergamos, como escreveu Platão, no famoso mito da caverna, onde seres acorrentados conseguem apenas ver as sombras, e através delas, procuram enxergar o que é real. Ou o véu de Maya, a ilusão, que encobre a verdade, na mitologia hindu.

O estudo da mitologia comparada mostra muitas coincidências e semelhanças, entre as mais diversas religiões. Por exemplo, os mistérios da Trindade, na tradição cristã – Pai, Filho, Espírito Santo – e na tradição hindu – Brahma, Vishnu e Shiva. Na tradição cristã, entende-se que são igualmente divinos o Criador, a Criatura e o Espírito pelo qual tudo se realiza. A tradição hindu aponta para três aspectos diversos da divindade: criação, conservação e mudança.

No Brasil e no mundo, a grande maioria acredita no poder da magia, das energias invisíveis que podem ser comandadas, a favor ou contra. Por exemplo, quem acredita em quebranto ou mau olhado reconhece o poder dessas vibrações, como bem me ensinou minha mestra Yvonne Maggie - que já carrega a magia no próprio nome - como veremos em capítulos mais à frente.

No Brasil, muita gente amarra no pulso ou na canela a fitinha de Nosso Senhor do Bonfim, benta na mágica e linda igreja de Salvador, Bahia, fazendo um pedido a cada nó, acreditando que tudo se realizará antes que o tempo leve a fita, coisa que demora, mas acontece.

Rituais mágicos e talismãs ajudam a colocar a energia, o pensamento e o foco onde devem estar.

Hoje em dia, o conhecimento pode ser buscado na internet, mas também pode ser buscado numa biblioteca ou numa boa enciclopédia, como a Britannica. É possível sentir o poder mágico que emana das bibliotecas ou livrarias do mundo. Todas as bibliotecas e livrarias são lugares mágicos, porque são plenas de chaves, de códigos, de conhecimento.

Assim funciona o Universo. Busque o conhecimento e o obterá. Como disse Jesus, "*pedi e obtereis*". Atraímos aquilo que desejamos. Somos ímãs. Atraímos sempre o foco de nossas vibrações.

É preciso foco no que deseja, em pensamento, sentimento e ação. O que deseja deve estar no que expressa, sente e faz. Manifeste com clareza o que quer. O Ser abrirá caminhos para a sua realização, muitas vezes caminhos inesperados e surpreendentes.

Evite pensar e sentir qualquer coisa que seja contrária ao que você quer.

Tudo acontece para a evolução. Medite sobre aquilo que você tem atraído e sobre aquilo que deseja atrair em sua vida, a partir de agora.

14
As magias da Kabbalah

Há muito mais para falar sobre as magias da Kabbalah do que cabe em um capítulo. São tão grandes as magias da Kabbalah que geraram livros mágicos, através dos séculos sem conta.

A Kabbalah é a Tradição, para os antigos hebreus. Reza o mito original que as revelações começaram no tempo de Adão, símbolo arquetípico do primeiro homem, que a recebeu de Deus, através do Arcanjo Raziel. Os ensinamentos continuaram pelos tempos de Abraão e foram finalmente codificados por Moisés, que em sua primeira visita ao Monte Sinai, recebeu os Dez Mandamentos, e em sua segunda visita, recebeu a Kabbalah.

A Kabbalah é linda, porque se propõe a entender como o Ser Eterno se manifesta na criação do mundo, através de dez emanações, as Sefirotes. Muito mais recentemente, a teoria física das supercordas prevê que o mundo foi criado em dez dimensões. Para alguns pode parecer coincidência, mas assim como no livro *Tao da Física*, de Fritjof Capra, percebe-se que a ciência moderna se aproxima de conceitos esotéricos já encontrados em antigas tradições, como a Kabbalah. No livro *Breve História do Tempo*, de Stephen Hawkings, também se encontram várias analogias da física da virada do segundo milênio com pensamentos de antigas tradições.

Emanações do Ser Eterno, dimensões criadoras do mundo, as Sefirotes têm nomes lindos e poderosos. Vale a pena para o estudante de magia meditar sobre elas:

Kether - a Coroa da Divindade
Binah - o Entendimento
Chohkmah - a Sabedoria

Chesed – a Graça
Geburah – a Justiça
Tiferet – a Beleza
Netzach – a Eternidade
Hod – a Glória
Yesod - a Fundação
Malkuth - o Reino

Por serem emanações divinas, são também caminhos pelos quais as criaturas mortais podem evoluir pela eternidade. Através de suas emanações, o Ser Infinito criou, cria e criará o Universo em que vivemos. Na Kabbalah, encontra-se a imagem da Árvore da Vida, que relaciona essas dez sefirotes em vinte e dois caminhos.

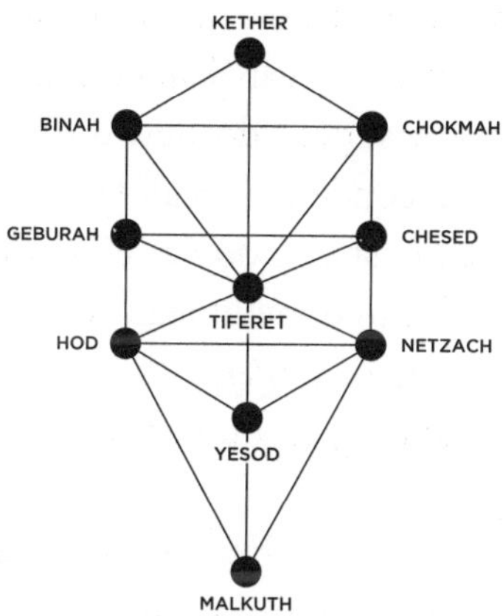

Vinte e dois é o número das letras do alfabeto hebraico, que é estudado pelos cabalistas. Vinte e dois é também o mesmo número das cartas do Tarot, que recria em forma de jogo o antigo conhecimento da Kabbalah. A origem do Tarot também se perde no tempo, e há mais sobre ele, em outro capítulo.

Há séculos, esse conhecimento tradicional passa, de geração em geração. A Kabbalah foi para mim o primeiro mergulho mágico em fontes de conhecimento anteriores à tradição católica e cristã de minha família.

A Kabbalah, com sua magia, é fonte de meditação e contemplação que sábios preservam, através dos séculos, com conhecimento refletido em cada uma das Sefirotes, sobre a Infinita Criação do mundo.

Há na Kabbalah todo um pensamento sobre a numerologia, a matemática do universo, a relação mágica dos números e suas consequências e significados.

As letras na Kabbalah têm números, e os números contêm significados, assim como suas somas. Assim qualquer palavra ou frase, como interpretação do mundo, envolve a matemática, que leva à contemplação e à reflexão.

A matemática é mágica como pode se verificar, na realidade, não apenas na Kabbalah, mas através dos gregos, de Pitágoras, Euclides, dos árabes e de muitos outros.

Para quem quer se deliciar sobre a magia da matemática, vale ler as *Maravilhas da Matemática*, do grande escritor Malba Tahan.

Tanto através de tradições milenares como da física contemporânea, a humanidade busca entender o mundo matematicamente.

Porém, aprofundar-se tanto na Kabbalah quanto na Física não é tarefa fácil. Para a Kabbalah, para quem quiser se aprofundar, há muitos livros a ler, o *Zohar*, e uma série muito grande de cabalistas e ocultistas, de várias épocas.

Busque compreender a essência do Ser, escondida pelos véus dos mistérios, pelas ilusões que escondem as realidades.

Entenda a origem e a manifestação do Ser Único, em todos os seres.

A Kabbalah da contemplação e meditação sobre as letras e números e seus significados alcança resultados mágicos.

Existe também a Kabbalah Mágica, ou Kabbalah Prática, durante muitos anos proibida.

Da Kabbalah prática, também chamada de magia branca, o ritual primordial é a invocação dos setenta e dois nomes de Deus, também chamados de anjos cabalísticos, emanações divinas, cada um com seu próprio poder e sabedoria. De forma sucinta, seguem os nomes dos setenta e dois anjos sagrados, que governam a humanidade, manifestações do Ser Criador, com seus atributos principais:

1. Vehuiah – sabedoria e arte.
2. Jeliel – vitória e amor.
3. Sitael – verdade e honra.
4. Elemiah – lucidez e proteção.
5. Mahasiah – paz e prazer.
6. Lelahel – saúde e fortuna.

7. Achaiah – paciência e educação.
8. Cahetel – afasta o Mal e aproxima de Deus.
9. Haziel – misericórdia e perdão.
10. Aladiah – cura e sucesso.
11. Lauviah – talento e conhecimento.
12. Hahahiah – abre caminhos e governa os sonhos.
13. Iezalel – amizade, fidelidade, reconciliação.
14. Mebahel – justiça e liberdade.
15. Harkiel – fé e pureza.
16. Hakamiah – coragem, honra e redenção.
17. Lauviah – revelação e poesia.
18. Caliel – ajuda, verdade e honestidade.
19. Leuviah – graça, memória e inteligência.
20. Pahaliah – lei, religião e moral.
21. Nelebael – ciências, estudo e verdade.
22. Ieiael – fortuna, comércio, negócios e viagens.
23. Melahel – coragem e proteção.
24. Hahuiah – proteção contra o mal.
25. Nith-Haiah – revelação e magia.
26. Haaiah – vitória e diplomacia.
27. Jerathel – luz, civilização e paz.
28. Seeiah – proteção e simplicidade.
29. Reiiel – livramento e virtude.
30. Ornael – alegria, paciência, medicina, proteção dos animais.
31. Lecabel – astronomia, matemática, geometria, proteção das plantas.
32. Vasariah – lei e articulação.
33. Iehuiah – proteção contra a traição.
34. Lehahiah – paz, confiança e oração.
35. Chevakiah – perdão, harmonia e lealdade.
36. Menadel – prosperidade, serviço e libertação.
37. Aniel – ciências e artes.
38. Haamiah – tesouros do céu e da terra.
39. Rehael – reabilitação, longevidade, afeição.
40. Ieiazel – liberdade e literatura.
41. Hahahel – energia e serviço.

42. Mikael – segurança e clarividência.
43. Veuahiah – glória e conquista.
44. Ielahiah – sucesso e coragem.
45. Sealiah – proteção e ajuda aos que foram humilhados.
46. Ariel – gratidão, sutileza e compreensão.
47. Asaliah – louvor e iluminação.
48. Michael – paz, harmonia conjugal, amor, inspiração e premonição.
49. Vehuel – sensibilidade e generosidade.
50. Daniel – consolação e graça.
51. Hahasiah – elevação e revelação.
52. Imamiah – força, vitória contra adversidade.
53. Nanael – humor e meditação.
54. Nithael – longevidade e reputação.
55. Mabaiah – bondade e piedade.
56. Poiel – modéstia e realização.
57. Nemmamiah – energia e evolução.
58. Ieialel – sinceridade, alegria, paz e visão.
59. Harahel – fecundidade, obediência e diligência.
60. Mizrael – sanidade mental e virtude.
61. Umabel – para obter amizade de alguém e prazer puro.
62. Iah-hel – tranquilidade, clareza, paz.
63. Anianuel – engenho, inteligência e fortaleza.
64. Mehiel – triunfo e guarda.
65. Damabiah – proteção contra feitiços e energias do mal.
66. Manakel – gentileza e perdão divino.
67. Itaiel – restauração, completude e transcendência.
68. Chabuiah – saúde, força e alimentação.
69. Rochel – reencontro do que foi perdido e justiça.
70. Iabamiah – progresso e espiritualidade.
71. Haiel – coragem e liberdade.
72. Mumiah – sorte, favor e sucesso.

Veja aqui também, por sua beleza, a imagem do quadro com os setenta dois nomes dos anjos cabalísticos, em sua versão em hebraico. Notem que cada um dos nomes é composto por três letras.

כהת	אכא	ללה	מהש	עלם	סיט	ילי	והו
הקם	הרי	מבה	יזל	ההע	לאו	אלד	הזי
חהו	מלה	ייי	נלך	פהל	לוו	כלי	לאו
ושר	לכב	אום	ריי	שאה	ירת	האא	נתה
ייז	רהע	חעם	אני	מנד	כוק	להח	יחו
מיה	עשל	ערי	סאל	ילה	וול	מיכ	ההה
פוי	מבה	נית	ננא	עמם	החש	דני	והו
מחי	ענו	יהה	ומב	מצר	הרח	ייל	נמם
מום	היי	יבמ	ראה	חבו	איע	מנק	דמב

Todos esses nomes angélicos sagrados podem ser invocados para ajudar a conseguir magicamente os resultados desejados, usados como mantras, em oração ou meditação.

Através da Kabbalah e da invocação dos setenta e dois nomes sagrados, adquire-se o poder de vislumbrar caminhos para se realizar o que se deseja ou se deve fazer.

15

A magia de orações, mantras e meditações

Os nomes dos anjos cabalísticos eram muito diferentes de tudo que havia aprendido até então. Por outro lado, a invocação ritual me lembrava de alguma forma a reza do terço católico, que minha avó usava quando queria algum favor divino.

Seja devoto da oração e da meditação, qualquer que seja a sua tradição ou cultura. A oração dá clareza sobre o objetivo a ser alcançado. A repetição do som libera a mente magicamente para buscar em dimensões interiores os caminhos para a realização do que se deseja.

Qualquer música ritual, os hinários do Daime, os cantos gregorianos, os pontos da umbanda, os batuques e cantos do candomblé, tudo isso é exemplo de como a oração, acompanhada de som, leva à contemplação do divino, com resultados mágicos.

A reza com fé é prática mágica de grande poder, principalmente se acompanhada de ações diárias, de trabalho empenhado em favor de alcançar o objetivo desejado. Já vi muita gente fracassar pela inércia.

A oração é ótima para dar foco e mostrar caminhos, mas por outro lado também não se pode esperar que tudo aconteça magicamente, sem que o mago diligentemente busque o que deseja através de suas ações. Há necessidade de ação para qualquer realização.

As práticas milenares da Kabbalah lembram também os mantras hindus, yogis, e a meditação transcendental.

A meditação precisa de foco, e gera a expansão da consciência. Pode-se partir de qualquer ato de repetição, como a respiração, a contemplação de uma mandala, orações, um mantra ou um som. Dizem que Buda atingiu a iluminação durante a meditação do vipassana, que foca na respiração.

A repetição, acompanhada da meditação, a partir do foco escolhido, esvazia a mente de preocupações, propicia paz, iluminação e transcendência, rompe os limites do ego e mostra caminhos a serem seguidos.

A transcendência acontece sempre que existe comunhão, união ou religação (que é a raiz da religião) com a energia da criação divina.

No caminho da meditação, pode haver distrações. Pensamentos surgirão. É bom que se escute a voz interior, sem se deixar levar pela torrente das preocupações.

Para afastar pensamentos de medo, ansiedade, insegurança ou perturbação, e voltar ao estado de comunhão com o Ser, volte a se concentrar sobre um ponto de foco, a luz de uma vela, a sua respiração, o mantra Om ou outro som, os pontos coloridos que surgem no escuro da pálpebra fechada, ou os setenta e dois nomes dos anjos cabalísticos, milenares nomes do Ser.

Segue um exemplo de meditação simples, que gera resultados mágicos. Inspire profundamente, em três tempos, segure mais três, solte em três, por três vezes. No terceiro ciclo, imagine o seu corpo se enchendo de luz dourada, começando pela cabeça e chegando aos pés.

Outra meditação muito conhecida é a que usa o sagrado mantra Om. É um mantra sagrado para hindus e budistas, porque é o som da criação universal, e vibra até hoje no Universo. Pronuncia-se A-u-mmmm. Deve ser emitido primeiro com som, a cada expiração. E depois de três ciclos, apenas com a mente.

Ao focar no aqui e no agora, sempre é possível encontrar a paz. Existe um lugar sagrado, um santuário interior, imune a todas as preocupações, dores e sofrimentos da vida terrena. Este local pode ser alcançado através da meditação, da contemplação e da oração.

Tradições ocidentais, como o rosário ou a repetição de orações; o judaísmo, com sua ênfase no som; os mantras sânscritos; as preces muçulmanas; todas na verdade se baseiam no mesmo princípio. Não importa qual é a sua fé ou religião. A prece e a meditação sempre poderão trazer efeitos mágicos em sua vida: confiança, controle emocional, foco, certeza, relaxamento, entre outras.

Do silêncio da mente, na meditação, também surgem as respostas e vislumbram-se os caminhos possíveis. Que eles sejam bons. Medite sobre a oração e a meditação em sua vida.

16
A magia do inevitável

Tudo aquilo que não pode ser evitado é mágico. Há certas coisas inevitáveis na vida, e uma delas é que tudo passa. Outra é que há alegria e também dor, ao longo do caminho. As provações são inevitáveis, porque aprender é inevitável, e as provações existem para ampliar nosso conhecimento.

A magia do inevitável cria a consciência também de que nem tudo é para ser, neste mundo, e é preciso aceitar o que não se pode mudar.

Sempre pode-se evoluir, através da adversidade. Aceitar nem sempre é fácil, mas o que não tem jeito, não tem jeito.

Tudo passa, e todos os casamentos (os felizes e os infelizes) um dia encontram seu fim.

A vida é a escola do desapego, já que tudo que existe sempre muda.

Aceitar o inevitável, despedir-se do que já foi e de quem mais amamos, libertar-se do passado, tudo isso deve ser aprendido.

Boa é a magia que dá certo, mas é preciso entender que pode haver surpresas. Surpresas são inevitáveis. Diferentes caminhos e fatos vão inevitavelmente surgir, e é maravilhoso que assim seja. Qual seria a graça da vida se não existissem surpresas e mistérios?

Tudo que depende de nós pode ser realizado, pela ação, pelo foco, pela realização. O que não depende de nós é energia para nossa evolução.

Por exemplo, errar é inevitável. Todo mundo erra na vida. Ninguém passa pela vida sem cometer muitos erros. Pode-se errar muitas vezes antes de acertar. Até mesmo as pessoas que mais amamos também erram, assim como nós mesmos também erramos, e é preciso ter paciência com os inevitáveis erros, porque errar também é bom, na medida que aprendemos com os erros.

Cometemos erros por ignorância, por distração, às vezes até por amor. Isso também é inevitável. Não se muda o erro do passado, mas pode-se mudar o futuro.

Devemos perdoar-nos sempre pelos erros que inevitavelmente cometemos. E também devemos perdoar os outros pelos erros que cometerem, porque há grande poder mágico no perdão. Como ensinou Jesus, quando perdoamos, somos perdoados.

Mas também devemos sempre aprender com os erros, para não os repetir, mesmo que isso às vezes demore. Errar é importante para evoluir.

Pode-se aprender através do exemplo ou do erro. O esforço de aprender pelo exemplo evita a dor de aprender pelo erro.

Provações e obstáculos inevitavelmente surgirão antes das realizações. A magia do inevitável nos deixa preparados para superar o que for preciso.

Algumas pessoas são energias maravilhosas que nos ajudam a evoluir. Outras pessoas são bem mais difíceis, são como lições que podemos aprender, na medida em que testam nossa paciência, boa vontade e capacidade de amar. Em cada encontro, em cada relacionamento, existe uma possibilidade de evoluir.

Há forças na Natureza, desejos que nos guiam, realidades que devemos aceitar, e há também outras coisas que dependem apenas da nossa vontade.

Medite sobre o que é inevitável, sobre o que não pode mudar, e assim perceberá o que pode ser transformado, de acordo com seu próprio desejo.

A magia do inevitável existe para que cada um de nós evolua constantemente, neste mundo.

17
A magia da coragem

A coragem é mágica. A magia da coragem é essencial para realizar o próprio sonho. A vida é mágica, para quem tem coragem. Todo mundo tem o poder de realizar seus próprios sonhos, desde que tenha coragem para batalhar por eles. Quem tiver fé e coragem para batalhar pelo próprio sonho será abençoado.

O Teatro é um excelente mestre da coragem. É um exercício mágico, para pessoas de todas as idades, mesmo para quem não pretende seguir carreira em artes cênicas. O Teatro ensina postura e dicção. Ensina a se relacionar socialmente, a se apresentar em público. E principalmente o Teatro ensina a fazer de conta. Fazer de conta, imaginar, é um exercício poderoso, um passo necessário antes da realização de qualquer ato mágico. O ator, assim como qualquer contador de histórias, pode viver mais de mil vidas, em uma só.

Durante toda a minha adolescência, queria ser ator. Aos quatorze anos, tomei coragem e cadastrei-me no departamento de elenco da maior TV de meu país. Fui chamado para um teste, não para a TV, mas para uma peça de teatro. Assim fui escolhido para ser o Menino, na mágica peça *Seis Personagens à Procura de um Autor*, de Luigi Pirandello. O diretor era Paulo José, de talento tão grande quanto a sua fama. E a estrela era Dina Sfat, protagonista ou antagonista das novelas que tinha mais amado na TV. Trabalhar ao lado deles era um sonho mágico, que se realizou no mesmo Teatro em que havia visto minha mãe atuar, anos antes, ao lado da grande estrela Tonia Carrero.

Na noite da estreia, em 1977, aos 14 anos de idade, eu tremia, literalmente, e minhas pernas bambeavam, com medo, ao ver a plateia cheia. Estava à beira de um ataque de pânico. Nós, os seis personagens em busca de um autor, tínhamos que entrar pelo meio do público. Dina Sfat sentiu o meu medo, olhou nos meus olhos, segurou forte meu braço e disse:

– Coragem! Coragem!

Entrei para o Teatro de braço dado com a maravilhosa Dina Sfat, que não me soltou até entrarmos no palco, ao qual subi com o pé direito.

Com o tempo, descobri que minha verdadeira vocação não era ser ator, mas contador de histórias, com a missão de compartilhar conhecimento e bom entretenimento. Sem saber, eu, o Menino de Pirandello, em busca de um autor, já era o autor que muitas personagens iriam buscar. Pirandello e o Teatro me ganharam para sempre para a arte mágica de contar histórias.

Para realizar qualquer coisa extraordinária, a magia da coragem se faz necessária. Para concretizar algo, para se dedicar com disciplina, para acreditar mesmo diante dos obstáculos que inevitavelmente surgem, é preciso ter a coragem.

A magia da coragem é que, mesmo quando seu resultado é surpreendente, ela propicia a experiência, através da qual se vivem novos contrastes e ganha-se nova sabedoria.

Medite sobre a coragem para realizar o que deseja na vida e a inspiração de que precisa para encontrar seus caminhos.

18
O mágico poder da amizade

O teatro, o esporte, os corais, as aulas e quaisquer atividades em grupos têm a grande e excelente virtude de permitir que se façam novas amizades.

Através das amizades, os horizontes se expandem. Os amigos, com suas histórias de vida, são sempre fascinantes. Ouvir e conhecer outras pessoas e suas histórias é um dom que merece ser desenvolvido, particularmente útil para quem quer ser contador de histórias.

A amizade tem o poder mágico de trazer alegria, nos dias tranquilos, e consolo, nos dias mais difíceis. Amigos são uma bênção profunda, a nova família, que a gente escolhe. É o que o povo diz, e o povo está certo.

Busque sempre a sorte de ter bons amigos.

Há amigos que permanecem muito tempo, outros por algum tempo apenas.

Há amigos que ficamos sem ver durante anos, e quando nos encontramos, é como se não tivesse passado um dia. Quando a amizade é verdadeira, transcende o tempo e a distância. Quem é verdadeiramente amigo, não deixará de ser, não importa o quanto esteja afastado.

A amizade entre Krishna e Arjuna, no Bhagavad Gita, em que o primeiro ensina o segundo a fazer o que deve, é um momento sagrado da literatura sobre a amizade. Krishna ensina a Arjuna a fazer o que deve ser feito, a focar na ação correta, para o bom resultado, apesar de todas as provações, contra todos os obstáculos, por mais difíceis que pareçam ser.

A boa amizade ajuda a afastar os males da vida. A amizade que traz males não é boa e deve ser afastada.

"É melhor estar sozinho do que em má companhia, e é melhor estar em boa companhia do que só", escreveu o profeta Maomé.

"*Dize-me com quem andas, e te direi quem és*", assim me ensinou meu avô.

Ou como escreveu meu amigo, o grande autor Walcyr Carrasco, "*a vida vai te ensinando quem sim, quem não e quem nunca.*"

Deve-se sempre buscar os bons e aprender, no convívio com eles. Quase tudo se torna possível quando se aprende com os melhores mestres.

Amigos são como mestres, fazem parte no caminho da nossa evolução, até mesmo quando erram.

Quando estamos longe da família, os parceiros e amigos passam a ser o grupo de apoio principal.

O verdadeiro mago deve escolher bem os seus amigos. Deve evitar pessoas loucas, desequilibradas, egoístas, de caráter falho, ingratas, mentirosas e desonestas.

A árvore da amizade às vezes precisa ser chacoalhada, para que caiam os frutos podres, os que não agregam, os que trazem males, os que não trocam, os que não perdoam. Que fiquem na vida apenas os amigos que merecem.

"*Amigo é coisa pra se guardar no lado esquerdo do peito mesmo que o tempo e a distância digam "não", mesmo esquecendo a canção, o que importa é ouvir a voz que vem do coração, pois seja o que vier, venha o que vier, qualquer dia, amigo, eu volto a te encontrar. Qualquer dia, amigo, a gente vai se encontrar.*"

(Milton Nascimento / Fernando Brant)

Pode-se sim ter muitos amigos, mas é melhor ter poucos amigos de qualidade que muitos amigos superficiais.

Medite sobre as amizades, em sua vida.

Pratique a magia da amizade, que ela traz grandes alegrias.

19
A magia do som

As palavras têm poder, muito mais poder do que normalmente se pensa. É preciso cuidado e atenção com o que se fala, porque as palavras carregam energias que têm resultados sobre o mundo.

Há pessoas que lançam pragas, às vezes até sobre pessoas que amam, sem perceber, como um pai ou uma mãe que dizem que o filho é burro ou incapaz de fazer algo, e assim ajudam a produzir aquela realidade, que poderia, no entanto, ser diferente.

Muitas vezes, as profecias se cumprem, porque elas próprias produzem o resultado que previram.

Assim, por exemplo, quem defende as próprias limitações nunca se livrará delas.

Todo som é mágico e ensina sobre o momento presente.

Não é por acaso que as invocações, palavras e sons são usados em magia.

Os ditados populares são mágicos, porque cristalizam ideias, crenças e atitudes.

A magia da música traz grande alegria. Funciona como um bálsamo para a tristeza. Traz paz nos momentos difíceis. É tão extraordinária a magia da música que pode levar mesmo ao êxtase sagrado.

– Quem canta seus males espanta – já dizia a minha avó, e ela estava certa.

Poucas coisas têm mais poder mágico que o canto. Aqueles que têm este dom devem sempre cultivá-lo e utilizá-lo para o que desejam. Na verdade, cantar é um ato mágico, e todos devíamos cantar, sempre.

Em 1977, através de novo amigo, Milton Nascimento, também chamado entre os íntimos de Bituca, senti a magia da música, no nível mais poderoso que já encontrei. Foi o começo de uma amizade que durou décadas, e sobreviveu ao tempo e à distância. No canto e na fala de Milton, encontra-se a forte ligação com a magia de tudo que existe. Seu canto é um despertar para a própria magia. Mais de uma vez, vi Milton Nascimento unir o país através da canção, como no mágico momento em que o Brasil voltava a ser uma democracia, em 1984, e o primeiro presidente civil da Nova República, Tancredo Neves, foi internado, às vésperas da posse. A canção "Coração de Estudante" se tornou hino da redemocratização.

Milton me ensinou a magia do meu nome. Foi através dele que tomei conhecimento do Caminho de Santiago. O santo Tiago, irmão de Jesus, veio morrer em Compostela, que significa Campo de Estrelas. Bituca me ensinou que a Via Láctea, o caminho de estrelas que se pode ver no céu, é também chamada de Caminho de Santiago.

– Para chegar a Santiago, o peregrino precisa apenas se orientar pelas estrelas – disse Bituca, com sua mágica voz, que encanta o mundo.

Shows, concertos e festas são momentos em que a magia da música é experimentada coletivamente, com energia intensificada.

A magia da música deve ser exercitada sempre que se estiver em busca de alegria ou êxtase.

Paulo Coelho, em seu livro *Brida*, fala do "*Ruído do Mundo*", da magia que há em estar atentos ao que se está ouvindo. No livro *Diário de um Mago*, ele escreveu:

"*Tudo está escrito nos ruídos. O passado, o presente e o futuro do homem. Um homem que não sabe ouvir não pode escutar os conselhos que a vida nos dá a cada instante. Só quem escuta o ruído do presente pode tomar a decisão certa.*"

Os mantras e orações, como já falamos, são uma forma especial de música do Universo, que podem nos levar à visão interior dos melhores caminhos.

Quase todos os rituais sagrados usam música, porque a música é mágica. Viva a música, vibração celestial do Ser.

Medite sobre a música. Medite sobre o som. Medite sobre as suas palavras.

A magia do som acontece quando alguém a usa conscientemente, para obter alegria, êxtase ou qualquer outro resultado desejado.

20
A magia das transformações

A magia das transformações é a magia da alquimia. É mais fácil mudar-se a si próprio ou a alguma coisa do que mudar alguém. Os outros mudam por si, não por nossa causa. Sobre nós mesmos e sobre as coisas, pode-se exercer com grande sucesso a magia das transformações. Para a transformação ou evolução de pessoas amadas, é preciso amor e paciência, e nem sempre o resultado é certo, mesmo com os melhores exemplos.

Este é um mundo de provações, em que experimentamos diferentes situações e fazemos descobertas, no caminho da evolução. É natural que aconteçam coisas e situações difíceis, e a magia da alquimia tem grande resultado sobre elas, porque permite transformar as coisas, como são, na realidade.

Assim, por exemplo, pode-se curar vícios ou doenças, que são situações extremamente propícias para a magia da alquimia. O doente torna-se saudável, e o viciado fica livre do seu vício.

Entender a magia da transformação é possível de várias formas. Por exemplo, mudar de casa, de cidade, de país, de círculo de amizades, de hábitos alimentares e de atividades são algumas das formas pelas quais se pode exercitar a magia da alquimia.

Para compreender como a magia da transformação é possível, vale refletir sobre as obras do guru indiano Krishnamurti. O ensinamento de Krishnamurti não está ligado a nenhuma religião. É uma proposta de autoconhecimento. A transformação para a libertação de qualquer sofrimento é possível pelo autoconhecimento. Buscar e compreender a verdade, no momento presente, ajuda a vencer qualquer provação, com o exercício de atos de amor.

Outro nome para esta filosofia da verdade e do conhecimento sobre a transformação, com atenção ao momento, ao instante, ao presente, é o "poder do agora".

Um excelente livro sobre a magia da alquimia é *O Alquimista*, de Paulo Coelho, sobre o qual falarei mais em detalhe, em capítulo mais à frente. O tesouro escondido, o bem almejado, está ao nosso alcance, mas é preciso empreender a jornada mágica para poder compreendê-lo e assim merecê-lo.

Se um caminho só traz dor e infelicidade, é preciso buscar outro caminho. Muitas vezes, é justamente a partir de um momento difícil que se encontram novas e excelentes oportunidades na vida. São momentos em que simplesmente precisamos mudar algo em nossas vidas. Os momentos de crise são mágicos, e devemos amá-los também, porque nos fazem evoluir. A crise força a mudança, através da necessidade. A mudança de comportamento acontece sempre a partir de um momento de crise.

A magia da alquimia é a arte da transformação que leva à evolução. Transformar chumbo em ouro, a essência da antiga alquimia, simboliza na verdade melhorar, evoluir. Aprender a fazer de um limão uma limonada; transformar a dificuldade em oportunidade; fazer o que parece mau resultar em algo bom; aí também está a magia da transformação.

Existem as mutações, que fazem parte da vida de qualquer ser, do embrião ao fim. E existem as mudanças, que também podem ser usadas para a magia da alquimia, da transformação da vida. As mutações são muitas vezes processos lentos, internos, que demoram anos. As mudanças às vezes acontecem de uma hora para a outra. Muitas vezes são planejadas e desejadas, porém outras vezes aparecem como total surpresa.

Mudanças são fatos marcantes que alteram completamente a vida, como uma separação ou uma perda. De um momento para o outro, tudo muda. Quando alguém que amamos se vai, isso também é uma grande mudança na vida. E é inevitável que as pessoas que amamos, uma a uma, vão, ou vamos nós, antes delas. Deve-se aceitar as mudanças, sempre. Muita gente se prende e se apega ao que já passou, criando sofrimento por causa de um tempo que já foi e não volta mais. Viver o agora, a nova situação, depois da mudança, com aceitação e gratidão, é exercitar de forma nobre a magia da alquimia. Medite sobre as mudanças, em sua vida.

Também quando se muda de casa ou de cidade ou de país, isso tem o poder mágico de transformar toda a vida. É por isso que as pessoas gostam tanto de viajar, para experimentar novidades. Cada mudança marca um novo período, uma nova história para se contar. O grande poder mágico da mudança é a renovação da vida.

Conto aqui um exemplo da magia da transformação, na minha vida. Experimentei, na adolescência, uma paixão platônica por uma pessoa que não me correspondia, e decidi me afastar, porque uma das coisas que mais dói na vida é o amor não correspondido. Desejei então viajar para longe. Logo depois, magicamente, apareceu um concurso para uma bolsa de estudos no exterior. Fui me informar com quem já havia feito o teste, comecei a estudar sem parar e ganhei bolsa para os dois últimos anos antes da faculdade, no Atlantic College, da organização mundial United World Colleges, em que pessoas de todas as partes do mundo vêm estudar juntas, para promover compreensão internacional. O objetivo é promover a paz, através da educação.

A sede do Atlantic College é um castelo do século XIV, o St. Donat's Castle, um castelo mágico, parecido com Hogwarts, com a diferença de ser real. Na época em que estudei lá, de 1978 a 1980, o presidente dos United World Colleges era o Príncipe Charles, o herdeiro do trono britânico, que recebeu os estudantes no Palácio de Buckingham, durante uma visita a Londres. Apenas por curiosidade, estive também com o Príncipe Charles em outras ocasiões, em visitas dele ao Atlantic College e ao British Council, no Rio. Além de gente muito rica, havia também bolsistas como eu, de origem bem mais humilde. Havia esquimós, gente da Samoa, de Lesotho, da Nova Zelândia, de Maurício, da Indonésia, apenas para citar alguns dos países mais distantes do meu Brasil. Eram todos os tipos humanos ali representados, o suficiente para entender que éramos essencialmente todos iguais, ainda que com cores, credos, cabelos, línguas e origens diferentes.

No Atlantic College, continuei a me dedicar ao Teatro, com o grupo da escola, e aos estudos de Magia. Autodidata, aprendi alguns métodos da hipnose, estudando-a na Enciclopédia Britânica e em literatura especializada. A hipnose, ao contrário do que muitos pensam, funciona de verdade, através da sugestão, em estado inconsciente, desde que não haja predisposição contra ela, e pode ser útil para a magia da alquimia. Nem todo mundo é hipnotizável, mas aqueles que de bom grado se submetem à experiência, podem conseguir resultados mágicos através da hipnose, como visitar vidas passadas ou livrar-se de vícios, falta de amor próprio, depressão e outras coisas.

A magia da alquimia permite que cada um de nós transforme o mundo, tudo que existe, através de cada simples gesto que fazemos. A magia da alquimia é encontrar na dificuldade a nova oportunidade. É descobrir o caminho da transmutação da dor em paz, do sofrimento em amor, da tristeza em alegria, do fracasso em sucesso, da privação em prosperidade, da doença em saúde, da violência em paz, do mal em bem. Medite sobre como pode realizar a magia da alquimia em sua vida.

Nem todo mundo tem as mesmas oportunidades na vida, mas sempre é possível transformar a vida, criar e achar novas oportunidades, e isso também é mágico.

Por mais difícil que tenha sido a vida de qualquer um, o que vale sempre é o que acontece a partir de agora, a partir de sua próxima escolha.

Pessoas com pontos de partida extremamente improváveis conseguem realizar feitos mágicos.

Se suas escolhas forem no sentido do amor, de servir aos outros, fazendo ou se movendo na direção daquilo que gosta, usando seu tempo de forma útil para você e para os outros, a magia da alquimia se realizará, com resultados mágicos.

Medite sobre o que pode melhorar em sua vida, para onde seguir e o que fazer, a partir do momento presente.

21
A magia de Hermann Hesse

Nos livros de Hermann Hesse, há muita magia verdadeira. Um dos primeiros mistérios que encontrei em sua obra foi Abraxas, no livro *Demian*. É uma palavra mística, considerada muito poderosa, também conhecida como Abrasax, que alguns consideram como raiz da palavra mágica Abracadabra.

Toda uma geração de crianças usa hoje o encantamento *Avra Cadavra*, de brincadeira, como se fosse capaz de provocar o fim de alguém. Os fãs da saga de *Harry Potter*, em sua maioria, nem desconfiam que a palavra tem sua origem no nome da antiga divindade Abraxas.

De origem grega, segundo alguns, e egípcia, segundo outros, Abraxas era considerada como alusiva a Deus, o Infinito Poder, a Divindade Suprema. Por ter imagens pagãs, foi considerada pela Igreja Católica como o Demônio. O que tornou Abraxas especial, para mim, foi perceber que continha o Bem e o Mal em si. E realmente, bem e mal convivem no universo em que vivemos.

A magia de Abraxas me lembrava a lição de que tudo tem um lado positivo e um negativo. A matéria, com prótons e elétrons, a eletricidade, a gravidade, tudo tem polos. Nosso universo é dual. Qualquer coisa, para ser, para existir, tem seu oposto. Vida e morte, macho e fêmea, amor e ódio, bem e mal, luz e trevas, dia e noite, matéria e antimatéria, visível e invisível, tudo é percebido por nós a partir de seu oposto, ou seja, compreendemos tudo pela experiência dos contrastes. Isso já tinha impressionado o antigo filósofo Heráclito, há mais de dois mil e quinhentos anos:

"*Todas as coisas existem pela tensão entre os opostos*" – escreveu o filósofo grego.

O que seria o contrário da magia? Se a magia é a realização da vontade, então a não-magia é a vontade que não se realiza.

Outra história narrada por Hesse, *Sidarta,* foi o meu primeiro contato com o budismo, que veio a exercer grande influência sobre mim. O príncipe Sidarta – angustiado por morte, doença e velhice – deixa seu reino, em busca da iluminação espiritual, que ele atinge ao se tornar Buda. Assim como Sidarta, somos seres em busca de conhecimento e iluminação espiritual. Atingir o Nirvana, a ausência do sofrimento, a plena iluminação, a Terra de Buda, tudo isso é possível, e há todo um capítulo mais à frente, sobre a magia do budismo.

De Hermann Hesse, seguem algumas citações prediletas, de seu livro *Demian:*

"Viva seus sonhos, viva-os bem. Dedique-lhes altares, celebre seus mistérios. Não é a perfeição, mas já é um caminho. Uns sonhos substituem os outros, e não devemos nos esforçar para nos prender a nenhum. Ninguém escolhe o polo pelo qual será atraído, a onda a qual obedecerá. O seu destino o ama. Um dia, ele lhe pertencerá, por completo, se você for fiel a ele."

Compreender a própria verdade; amar mais que entender; saber desapegar-se; a criação da vida por cada um; o universo interior; os caminhos da iluminação espiritual; há muito que aprender na obra de Hesse.

Medite sobre as experiências do bem e do mal, da verdade e da mentira, da paz e do conflito, em sua vida. Medite sobre como pode evoluir.

22
A realidade mágica

É possível encontrar magia em toda a literatura que envereda para a fantasia, como em Monteiro Lobato, Lewis Carroll, Edgar Allan Poe, Tolkien, C.S.Lewis, Barrie, J.K. Rowling, George R.R. Martin, Bram Stoker, Mary Shelley, Stephenie Meyer ou Paulo Coelho. É possível também encontrar magia na literatura que envereda pelo realismo mágico, como em Gabriel Garcia Marquez, Jorge Luis Borges, Julio Cortazar, Mario Vargas Llosa, Jorge Amado e muitos outros. Mesmo autores mais identificados com o realismo em alguns trabalhos enveredam para a magia, como Machado de Assis, Horacio Quiroga, Nélida Piñon, Henrik Ibsen e Eça de Queiroz. Todos esses autores e muitos outros mostram como é mágica a realidade.

A magia do candomblé, de religiões de origem africana que se desenvolveram no Brasil, um universo presente, porém desconhecido para muitas crianças educadas em religiões cristãs, como eu, começou a se desvendar para mim através da obra de Jorge Amado.

Volto a citar exemplo da minha vida, apenas para demonstrar como a realidade é de fato mágica. Eu não tinha dinheiro para cursar faculdade no exterior. Também sentia muitas saudades do calor do Rio, da família e dos amigos. A universidade no Brasil era pública, se passasse no exame vestibular, para a qual estava bem preparado. Por todas essas razões, voltei ao Brasil para continuar meus estudos.

No Rio de Janeiro, em 1980, aos dezessete anos de idade, decidido a continuar no Teatro, além de me preparar para o vestibular, ingressei para uma mágica escola: o Teatro Tablado. Ali tive como mestra a inesquecível Maria Clara Machado, um anjo de luz que passou em minha vida. Magnífica autora e diretora, usava a magia do teatro, com fantasia e arte, em suas deliciosas peças, que até hoje correm mundo. A energia do Tablado me encantou para sempre. Naquele pequenino palco, voltei a vivenciar a magia.

O palco é mágico há milênios, onde quer que esteja. No palco, mergulha-se na fantasia, no faz-de-conta, que permite viver outras vidas, além da nossa. O palco é um dos melhores professores de magia que existe. Expõe e desnuda a alma, impõe o sacrifício do próprio ego para dar lugar ao outro, numa viagem pela imaginação, num grande sonho coletivo. Quantos poderes mágicos podem ser aprendidos com a magia do palco! Não por acaso, Paulo Coelho começou escrevendo livros para o Teatro e usou alguns exercícios de Teatro como exercícios de magia, em seu livro *Diário de Um Mago*. Para mim, isso faz completo sentido.

No fim de minha adolescência, entre os estudos, o teatro, os amigos e a descoberta do amor, a vida era tão mágica que comecei a encontrar outros amigos que estudavam a magia. Eu não queria estudar Teatro na Faculdade, porque já estava trabalhando nele, diariamente, com um grupo de amigos maravilhosos, encenando a peça *Capitães da Areia*, adaptada do mágico livro realista de mesmo nome, escrito por Jorge Amado, a quem eu tanto amava e terminei por encontrar, no Teatro, no dia em que ele foi ver o espetáculo.

Continuar a estudar o que se gosta é sempre um bom plano. Havia várias coisas em que eu gostaria de me aprofundar, especialmente Matemática, Física, Letras, Arquitetura e Cinema. O momento de escolher o que estudar na faculdade é crucial. A vida é totalmente diferente, quando se escolhe Medicina ou Informática.

Escolher às vezes é bem complicado, especialmente quando as escolhas têm consequências para o resto da vida. No último dia de preencher a ficha de inscrição para o exame vestibular, sem saber o que ia estudar pelos próximos anos, tomado pela dúvida, rezei, com toda a minha fé, e pedi orientação divina. Fechei os olhos e coloquei o dedo na lista dos cursos. Meu dedo apontou para Ciências Sociais. E logo fiquei interessado nas especializações: Antropologia, Política e Sociologia. Todas me interessavam, e isso para mim era um sinal de que tinha escolhido certo. Foi assim, dessa forma mágica, que escolhi o que estudar. Aos dezoito anos de idade, em 1981, comecei a cursar Ciências Sociais, no IFCS, na Universidade Federal do Rio de Janeiro.

Como nem sempre é fácil escolher, na dúvida, o melhor é recorrer à intuição. Foi o que fiz no meu momento decisivo e nunca me arrependi. É claro que se meu dedo tivesse caído sobre alguma coisa que eu realmente não gostasse, eu ia buscar outro caminho. Mas a oração, o ritual mágico, o pedido à força superior que tudo governa, para que me guiasse, tudo confluiu naquele momento para a decisão que tomei, o caminho que segui.

Acreditar na intuição, seguir a voz e a visão interiores, esses são alguns dos atributos de quem usa a magia na realidade. Medite sobre as escolhas, em sua vida. Medite sobre acontecimentos mágicos em sua vida.

23
A magia da experiência

A magia da experiência acontece toda vez que tentamos algo que não fizemos antes. Experimentar o novo costuma ter efeitos mágicos na vida. Pode ser um novo lugar, uma nova atividade, uma nova amizade, um novo livro, uma nova história, uma nova canção, uma nova pergunta, uma nova resposta, um novo filme, um novo trabalho, um novo sonho, um novo amor. A magia da experiência sempre está à disposição. As experiências mais poderosas são as mais transformadoras.

Entregar-se ao prazer da descoberta do mundo é a grande alegria que não se deve perder nunca, na vida.

Experimentar algo é a forma mais efetiva de aprender.

Não apenas os artistas, mas todos os seres humanos vivem muitas vidas em uma, porque a vida do bebê é diferente da criança pequena, da criança grande, do pré-adolescente, do adolescente, e assim em diante.

Através do Teatro Tablado, conheci outro mestre mágico, o Domingos Oliveira. Cineasta famoso, autor de peças de sucesso com os maiores artistas do país, Domingos Oliveira me fez ver que era possível ser artista-empresário, autor, produtor e diretor independente, capaz de escolher e realizar os próprios projetos.

Domingos me escolheu para interpretar no Teatro o filho de uma das maiores atrizes brasileiras, Marilia Pera, consagrada internacionalmente por sua atuação no filme *Pixote*, entre muitos outros sucessos extraordinários, em cinema, teatro e televisão. Maria Clara Machado dizia que Marília era uma atriz completa, que "cantava, dançava e até voava".

Marília me ensinou o poder mágico da disciplina. Era dedicada ao extremo, em tudo que fazia, perfeccionista no último detalhe. E ela gostava de experimentar. O ensaio era sempre uma nova experiência. Mesmo já em cartaz, ela sempre vinha com uma nova proposta para a cena. Irrequieta, ela buscava simplesmente a perfeição.

Experimentar, buscar, fazer e repetir, até acertar, faz parte da magia. Ter propósito, com foco e disciplina, é o caminho para se conseguir o resultado mágico.

1984 foi o ano das grandes manifestações das *Diretas Já*, quando milhões de pessoas foram às ruas para pedir a volta das eleições diretas, no Brasil. Eu e meus colegas do Instituto de Filosofia e Ciências Sociais da Universidade Federal do Rio de Janeiro participamos de todas as manifestações no Rio. O sonho mágico da democracia finalmente se tornava real.

Muitas vezes alguns sonhos demoram a se realizar, mas sempre é tempo.

Sobre a magia da experiência, quero citar Theodore Roosevelt, que escreveu sobre ela algumas palavras que sempre merecem ser lembradas: "*O verdadeiro crédito vai para aquele que erra, que falha, mas que aos poucos vai acertando, porque não existe esforço sem erro. Ele conhece o grande entusiasmo, a grande devoção, e está gastando sua energia em algo que vale a pena. Este é o verdadeiro homem.*"

Paulo Coelho também tem belas palavras sobre o assunto: "*Quando alguém encontra seu caminho, não pode ter medo. Tem que ter a coragem suficiente para dar passos errados. As decepções, as derrotas, o desânimo, são ferramentas que Deus utiliza para mostrar o caminho*".

Tudo que fazemos e experimentamos serve à nossa evolução. De toda a experiência, pode-se aprender algo.

Medite sobre os sonhos que acredita poder realizar, em sua vida, e o que precisa fazer para que eles aconteçam. Qual será a nova experiência, no sentido da concretização do seu sonho?

24
A magia da dança

Dança é movimento. Tudo no Universo dança. Elétrons dançam em volta de prótons e nêutrons. As luas dançam com os planetas, e esses bailam em volta do Sol. Todas as estrelas e galáxias vivem um grande balé cósmico.

Vivemos todos em perpétuo movimento. Mesmo quando achamos que estamos parados, a Terra está em velocidade espantosa em sua órbita ao redor do Sol, e nós com ela. Em nossos corpos, milhões de micro-organismos estão também se movimentando, todo o tempo.

As células do nosso corpo mudam completamente em poucos anos. Somos feitos de átomos de hidrogênio, que nasceram com o Big Bang, e de carbono, oxigênio, nitrogênio e outros materiais, que foram todos criados em explosões de estrelas incandescentes. Somos feitos da matéria das estrelas.

No hinduísmo, Shiva, a divindade que representa a eterna mudança, a transformação de tudo que existe, é um deus dançarino.

O meu caso de amor com a dança começou quando ainda era muito pequeno. Minha avó tocava o acordeão, e eu e meus primos dançávamos na pequena sala do apartamento de Copacabana.

No fim da minha adolescência, Marília Pera me fez ter aulas de dança. Marília era excelente cantora e bailarina, além de ser atriz extraordinária. Seus movimentos no palco eram sempre precisos, estudados, cheios de graça. A técnica, apurada pela disciplina, pelas muitas aulas de dança, era a base que lhe permitia a livre expressão artística. Grandes artistas – como Marília, Madonna e Anitta, entre outras – começaram com a dança.

Como disse Paulo Coelho, em seu livro *Diário de Um Mago*, "a dança é uma das mais perfeitas formas de comunicação com a Inteligência Infinita".

Tive aulas com grandes mestres da dança, e a cada nova aula, buscava superar meus limites. Percebi que jamais seria profissional da dança, que não era o meu dom principal, mas nem por isso deixei de usar a magia da dança, para a saúde, para a boa forma e para a felicidade da alma.

A magia da dança tem o poder de trazer alegria, para quem a pratica. E tem grande poder de sedução. Gera excelentes resultados para a postura e as articulações, e é ótima para manter o espírito jovem. É magia muito recomendável para quem está em busca de mais felicidade.

Mova-se, sempre que puder. E se não puder se mover, dance com seu espírito. Imagine-se a dançar e voar. Não existe limite para a mágica dança do Ser. Dance e voe a dançar, no pensamento e no sentimento. Medite sobre a dança e o movimento, em sua vida.

25
A magia das histórias

O bom da vida é que podemos viver nela muitas histórias, desde bebês até o último instante. Nas histórias, encontramos espelhos, exemplos, obstáculos, evoluções, fracassos, vitórias, perigos, tudo que nos leva ao encontro com o mais íntimo de nossas almas.

As histórias mostram caminhos, compartilham experiências vividas, apontam para a verdade e ensinam através do exemplo. Toda a educação vem de uma narrativa. Isto é assim desde tempos imemoriais, muito antes do nascimento da escrita, quando nossos ancestrais dividiam suas experiências com os outros membros de sua tribo. E continua a ser assim hoje, nos maiores centros acadêmicos e de pesquisa do mundo.

A cultura humana vem da capacidade de comunicação. Quando li *Aula*, de Roland Barthes, aprendi a importância de dominar os códigos, as linguagens. O poder vem do conhecimento que se possui sobre algo. O dom é a capacidade de aprender e desenvolver algum código, alguma linguagem, alguma sabedoria.

Há muita gente que domina perfeitamente uma linguagem, mas não a coloca a serviço de si mesmo nem de outras pessoas. O mago verdadeiro deve fazer bom uso de seus dons.

Às vezes alguém domina tantas linguagens, tem tantos dons, que fica sem saber o que deve colocar em prática. Nessa situação, apenas o amor deve decidir. Investir naquilo que se ama mais, no que traz prazer, ao praticar e aprender, e no que pode servir a outras pessoas, é sempre um bom plano.

Durante a infância, o meu sonho era ter poderes, ser santo e realizar milagres, e na verdade continuei a buscar isso durante toda a minha vida, como veremos.

Na minha adolescência, vivi outra história mágica. O meu sonho era ser ator de telenovelas, e realizei esse sonho, em uma telenovela da TV Globo, *Livre Para Voar*, do maravilhoso autor Walther Negrão. Foi mais um sonho realizado, mas eu ganhei pouco, tive fama fugaz e logo me vi de novo desempregado. Vi então como era difícil ser ator, sempre em busca de uma nova personagem. Então escrevi as minhas primeiras peças, influenciado pelo meu mestre Domingos, e mais que nunca, desejei tornar-me um escritor. Assim escolhi uma nova vida, um novo trabalho, contar histórias.

Compartilho neste capítulo alguns dos meus estudos sobre a magia das histórias. Com Vladimir Propp, aprendi que todas as sociedades humanas têm histórias de personagens com poderes maravilhosos. As mentes humanas funcionam de forma muito semelhante. Do povo esquimó aos aborígenes australianos, todas as sociedades do planeta, sem exceção, contam histórias de heróis e heroínas com poderes mágicos.

Para compreender a jornada do herói, vale a pena aprofundar-se nos trabalhos de Joseph Campbell. Entendi que cada um de nós é herói da sua própria história. Assim como os heróis de mitos e filmes, temos vontades que precisam superar obstáculos para se realizarem. Campbell trabalha sobre arquétipos poderosos, e seu trabalho influencia até hoje os contadores de histórias do mundo inteiro. *O Poder do Mito*, livro em que Campbell expõe suas ideias em entrevista a Bill Moyers, é material de rara beleza e sabedoria.

É interessante pensar que muito do que se pensa até hoje sobre a arte de contar histórias já é conhecido desde Aristóteles. Poesia, drama, narrativa épica, protagonista, antagonista, peripécia, princípio, meio e fim, tudo isso já estava na Poética, de Aristóteles.

A história muda de acordo com quem a conta. A história é sempre uma versão da verdade, uma descrição do que aconteceu, entre outras descrições possíveis. A história é subjetiva, não é objetiva, como bem sabem todos os que contam uma história. Não sei se foi Nehru ou Churchill quem disse que "*a história é escrita pelos vencedores*". Ou talvez alguém muito antes deles.

É verdade que todo relato é uma versão de um fato. O relato pode ser até uma má versão, distorcida ou enganada, de algo que se passou. Ou pode também ser uma versão muito fiel e real. De qualquer forma, os fatos existem e sempre aparecem, porque fazem parte do Ser.

Claude Lévi-Strauss estudou durante muitos anos os mitos de diferentes sociedades da América do Sul. Buscou elementos estruturais, comuns à toda humanidade, entre os quais relações de parentesco, a linguística e a mitologia. Para Lévi-Strauss, os mitos têm a capacidade de incorporar novas versões, e assim são capazes de se reatualizar. É por isso que sempre se pode recontar novas versões de uma velha história.

– Quem conta um conto, aumenta um ponto – como dizia a minha avó.

O mais difícil de tudo é ser original, como dizia Poe.

A magia das histórias é que umas sucedem às outras, e em cada uma delas encontramos novos objetivos, com novos obstáculos a serem vencidos. Quando temos consciência e foco no objetivo, nenhum obstáculo parece invencível. Cada um de nós, como herói ou heroína da própria história, tem o poder mágico de vencer no final.

Medite sobre as histórias de sua vida, e também sobre a história que está vivendo agora, seu objetivo e os obstáculos que precisa transpor.

26
A magia do sexo

Sobre o amor erótico e íntimo, amar e ser amado é o melhor que existe. Há que se merecer o amor correspondido, e é sempre bom amar, servir, demonstrar o amor, provar o amor.

Algumas pessoas atraem na vida a monogamia, a experiência única. Outras atraem muitas experiências. Esse foi o meu caso, e aprendi a aceitar isso, como parte da minha busca. A cada vez, devo dizer que me entreguei com amor, porém só consigo continuar em um relacionamento enquanto houver amor, verdade, confiança, alegria e paz. Aceito que sou assim.

Ainda sobre o amor erótico, cada um tem seu próprio caminho. Cada um experimenta a vida de jeito único, ainda que muitas histórias se pareçam, e por isso mesmo, é possível também aprender com o conselho e a experiência dos outros, mas mais que tudo, com a verdade consigo mesmo e com a pessoa amada.

Existe diferença entre amor e sexo. O sexo pode ser feito com alguém que se ama, e é mais especial quando é assim, mas o sexo também existe por si, como força da natureza, de forma independente do amor.

O sexo é uma das energias mais poderosas que podemos experimentar na vida e tem grande magia. Sexo não é para crianças. Este livro sobre as artes da magia pode atrair muitos leitores menores, e é importante que se fale sobre isso. As crianças devem sempre ser preservadas. Nenhum adulto deve tocar suas partes íntimas, depois que se largam as fraldas. Se algo assim acontecer, outros adultos de confiança, na família e na escola, precisam ser imediatamente informados. É a única forma de conter o abuso. Infelizmente, ainda há muitas crianças que sofrem abusos, às vezes sob ameaças, e o único modo de se libertar é falar, contar a verdade, por mais que se sinta medo. Toda criança deve contar a alguém de sua confiança, se sofrer abusos, mesmo se for ameaçada de violência. Não se deve ter vergonha de contar, ou os abusos podem continuar. Não fui abusado sexualmente, mas muita gente foi, e é importante deixar o alerta para que as crianças possam se defender de pedófilos, pelo simples ato de buscar a ajuda de outros adultos. Aos que foram abusados, desejo que superem os seus traumas, libertando-se do passado, concentrando-se no momento presente. A vida sempre recomeça a partir desse instante.

Para os que ainda não experimentaram o sexo, sugiro que tenham a paciência de esperar por alguém que se ame, e apenas depois de ter o corpo já bem desenvolvido. Para os que desejam o sexo: afeto, correspondência, respeito, vontade e paixão, é o melhor que se pode ter. Proteger-se dos perigos do sexo, das doenças sexualmente transmissíveis, através da informação, pelo uso de preservativos ou medicina preventiva, é também muito importante.

Fiquei virgem, praticante do sexo solitário, durante quase toda a adolescência, até perto dos vinte anos de idade, apesar de ter sido um adolescente bonito. Tive oportunidades, mas a timidez e o medo me impediam. Tinha medo também de engravidar precocemente uma namorada. Não sabia sequer usar uma camisinha. Enfim, acabei vencendo o medo e a timidez e tive as minhas primeiras experiências. Comecei então a aprender a magia do sexo.

O sexo gera um êxtase, um pico de energia, capaz de levar mesmo à criação de um novo ser. Por ter energia tão poderosa, a magia sexual acontece quando, neste momento do êxtase, o mago se volta, em sua mente, com foco, para aquilo que deseja que aconteça.

As ondas de energia, de alto relaxamento, depois do orgasmo, são momentos ideais para a comunicação com o Ser, a Divina Inteligência, que rege o Universo. O êxtase ou orgasmo é um pico de energia, capaz de se conectar com níveis espirituais muito profundos. E ter clareza sobre o que se quer é passo fundamental para a realização de qualquer magia.

Tenho pena de quem sente nojo ou qualquer sensação de impureza, no sexo, porque é isso que atrairá. O sexo deve atrair o amor, a saúde, a paz, a bem aventurança, a prosperidade e principalmente o amor.

O melhor e mais poderoso sexo sempre será feito com amor.

É quando a Terra parece tremer, quando se geme de puro prazer, e se entra no vórtice de luz e orgasmo, é ali que a magia sexual tem mais chance de se realizar, com todo o seu poder.

No êxtase, podemos nos comunicar com energia profunda, visualizar o que desejamos e abrir caminho para a realização, para o bem desejado, para a criação, para tudo que é bom, justo e verdadeiro.

Já que o assunto deste capítulo é a magia do sexo, quero aproveitar para falar sobre a homossexualidade, que é encontrada em muitos indivíduos de diversas espécies animais. Existe ainda preconceito por se tratar de uma minoria, porém é uma minoria enorme. Jesus nunca condenou homossexuais. A história de amor de Davi e Jônatas sobreviveu, na *Bíblia*, a todos os preconceitos, mesmo em épocas medievais. Os mitos e histórias da Grécia Antiga são cheios de histórias de amor de pessoas do mesmo sexo, e também perduram através dos séculos.

Em vários lugares do mundo, em várias culturas, a homossexualidade foi e é encarada com naturalidade. Em outros lugares, é reprimida até hoje, apesar de continuar a existir, mesmo sob a mais intensa repressão, pela força do impulso sexual inato.

Ao contrário do que muitas pensam, ser homossexual não é uma opção, a não ser para uns poucos. Na maioria das vezes, ou se é ou não se é homossexual, sendo que há gradações entre os dois extremos, a homossexualidade total e a heterossexualidade total. A grande maioria das pessoas tem tendência sexual que não tem como mudar, mesmo que queira.

Pessoalmente, acredito que qualquer forma de amar, com consentimento de ambas as partes, não deve sofrer preconceito ou repressão, com a exceção do abuso de menores, que devem ser preservados.

A magia do sexo funciona até mesmo solitariamente. Assim como a homossexualidade, a masturbação já foi condenada em algumas culturas, épocas e lugares do mundo, e acredito que ainda seja, porém também obedece às leis da natureza, e não há absolutamente nada condenável, nem na homossexualidade, nem na masturbação.

Medite sobre o que deseja, e faça um pedido, mentalmente, sempre que estiver em êxtase, ou imediatamente após o clímax, após o orgasmo.

27
A magia da saúde

Queria ser eternamente jovem, e acreditava que era possível, como tantos outros milagres. Queria tanto ser jovem para sempre que minha primeira peça se chamou *A Fonte da Eterna Juventude*. Desisti de ser eternamente jovem, quando descobri aterrorizado que estava pedindo na verdade ao Universo para morrer jovem. Apenas quem morre jovem – como James Dean, Marilyn Monroe, Amy Winehouse, Jimi Hendrix, Jim Morrison etc. – permanece com a imagem jovem para sempre. Mais que ser eternamente jovem, quem ama a vida tem o sonho de viver muito, mesmo em face das provações da velhice.

A única juventude eterna possível é a do espírito. Por mais que se retarde magicamente a velhice, ela sempre vem para os que têm essa sorte, e a cada dia, uma pessoa mais velha nos olha, no espelho. No entanto, existe uma grande diferença entre a idade cronológica – os números que se somam, ano a ano – e a idade fisiológica. Quem sabe se cuidar pode aparentar muito menos do que a idade real e ter saúde, que é o que realmente interessa. Passo-lhes uma breve receita mágica da saúde.

Primeiramente, o Amor. Deus, o Universo, a Vida, a Natureza – como quer que você queira chamar o Ser – ama os que amam. Amar a vida, a cada dia, agradecer por ela, cada momento, mesmo nos instantes mais difíceis, é uma forma de manter o espírito jovem, e isso se reflete também no corpo. O Amor no instante é a melhor receita de eterna juventude.

O amor que se expressa no carinho também é maravilhoso. Todo mundo que recebe e transmite afeto vive mais e melhor. Para os que estão na idade própria para isso, amar alguém e aproveitar as delícias que a vida pode oferecer, sensualmente, é também uma forma de prolongar a juventude do corpo. O estímulo aos hormônios, através do gozo, é excelente para manter a saúde. Manter-se ativo sexualmente, mesmo solitariamente, quando não houver parceiro(a), é excelente para manter a saúde do corpo.

Amor próprio é essencial. É preciso saber se cuidar e se respeitar. É preciso permitir-se o prazer de viver, e evitar o sofrimento e a dor, sempre que possível, a menos que seja para realizar algo ou superar os próprios limites.

A alegria é essencial. É uma manifestação do amor, que encontra prazer, a cada momento possível. Divertir-se com leveza, mesmo diante dos eventuais reveses e estresses da vida, e levar a vida de forma leve, até na presença das provações, é um caminho mágico para viver bem. O humor, o sorriso, o riso e a felicidade tornam tudo muito mais leve.

O sono é essencial. A falta de sono é um dos maiores fatores de envelhecimento precoce, é uma das coisas mais estressantes, extremamente perigosa para a saúde. O sono é mágico, por isso é também chamado de sono da beleza. O dia se torna melhor e tudo dá mais certo quando se dorme bem. E por outro lado, parece que nada funciona bem, quando estamos exaustos. Descansar, quando se está cansado, é necessário. Pode parecer óbvio, mas tem muita gente que não descansa o suficiente.

Outro fator muito importante é a proteção solar. A exposição solar é necessária para a vitamina D, mas apenas por alguns minutos a cada dia. Mais que isso, tomar sol já se torna também fator de envelhecimento. Adquirir o hábito da proteção solar, mesmo em dias de chuva, com reposição ao longo do dia, é excelente para quem quer manter a aparência jovem, apesar da idade.

A água é absolutamente essencial. A maioria das pessoas desidrata, com o tempo. Somos aquários ambulantes, meios primordialmente líquidos, apesar da aparente solidez de nossas fibras e ossos. Em nós, moram colônias de vírus, bactérias, fungos, seres microscópicos dos mais variados tipos. Tomar muita água é muito necessário para manter o equilíbrio saudável neste vasto universo líquido que somos.

Para a magia da saúde, é essencial criar bons hábitos de alimentação. A comida enlatada deve ser evitada a todo custo. A comida deve vir diretamente da natureza. Nada fora da validade. Tudo deve ser fresco. Frutas e legumes, por mais saudáveis que sejam, sofrem intenso bombardeio de agrotóxicos e precisam ser muito bem lavados. Hoje em dia, matam-se as pestes nas plantações, e as pessoas por consequência. A grande maioria das pessoas, com a idade, desenvolve crescente gordura na região abdominal, em volta dos órgãos, com graves prejuízos para a saúde. Já foi demonstrado que vivem mais os que comem menos.

Reduzir carboidratos, cortar ou diminuir muito trigo, pães e massas, é um passo excelente para quem deseja afinar a cintura. O trigo de hoje é geneticamente modificado. Não é mais o mesmo trigo do pão de nossos avós, e há estudos que dizem que engorda mais. O arroz é um dos melhores carboidratos, porque é bom para a pele.

É importante evitar o açúcar, os doces, por mais que sejam deliciosos, privilegiando o açúcar da fruta, e também evitar as frituras, as gorduras trans e saturadas, para não entupir veias e artérias, e não encher de gordura o entorno dos órgãos abdominais.

Sei que muita gente encontra alegria no ato de comer muito, porém não terá a mesma saúde que aqueles que conhecem o valor do jejum. Alguns Budas são bem gordinhos, e devemos passar longe da gordofobia, respeitando a todos, independente da sua aparência. É fundamental se aceitar e se amar como se é, ainda que se deseje e se possa melhorar.

De qualquer forma, a boa informação sobre a alimentação sempre deve ser bem-vinda por todos os que quiserem realizar a magia da saúde e manter aparência mais jovem, por mais tempo.

Multivitamínicos, que muita gente não toma, fazem toda a diferença. É difícil conseguir diariamente todas as vitaminas necessárias, apenas através da alimentação, ainda que isso também seja possível, se houver todo um preparo para isso.

Outros produtos são úteis para a magia da saúde: colágeno, cuja produção começa a decrescer ainda antes dos trinta anos, e também antioxidantes variados: resveratrol, através de vinho (moderado), uvas, passas ou suco de uvas; licopeno, através do tomate (sem as sementes, cujo acúmulo é maléfico no nosso organismo); ácido ascórbico, a popular vitamina C, presente em muitos alimentos; além de muitos antioxidantes, chás, gengibre, limão, acerola, aipo, ginkgo biloba, ômegas 3 6 9, glutamina, glucosamina e outros. Pode parecer caro, mas é muito mais barato do que não ter saúde.

A medicina preventiva é sempre melhor que aquela que busca curar o mal instalado. Testar-se sempre, para saber como está o sangue, a imunidade, o colesterol, as funções renais, o coração, é o melhor que se pode fazer.

É preciso cuidar sempre da saúde bucal, da saúde da pele, dos olhos. Cuidar de cada parte do corpo é essencial. Um único foco maligno pode ser o suficiente para abalar a saúde de todo o organismo.

O exercício é essencial. A natureza favorece os que se mantém ativos. O sedentarismo é causa de muitas doenças. O bom é fazer algo que se goste, criando hábito saudável. Há quem goste de caminhar, correr, malhar, ginástica, tênis, natação, ciclismo, remo, capoeira, futebol, vôlei, artes marciais, basquete, surfe, dança, enfim, são tantas possibilidades. Encontre a que você mais ama, e transforme-a num ritual mágico e cotidiano de saúde e prazer.

A cirurgia plástica deve ser feita apenas se alguma coisa incomodar muito. Hoje há muitos recursos da medicina para quem deseja aparência jovem, eliminando rugas, manchas e sinais. De qualquer forma, é preciso ter consciência que envelhecer sempre trará seus sinais. Pescoço, rugas, a pele, todas as coisas do corpo com o tempo vão demonstrando o passar dos anos, por mais que se siga à risca tudo que está neste capítulo. É inevitável, como já se disse. O corpo envelhece, mas o espírito pode permanecer jovem.

Pode ser que a medicina avance ao ponto de retardar ou reverter o relógio biológico, o progressivo encurtamento dos telômeros, a máquina natural que exige a nossa passagem, mas no momento é impossível. Então o que nos resta é continuarmos a ter amor próprio, com todas as gordurinhas, rugas e sinais. Amem a velhice porque ela também é bela. Com certeza, é melhor que morrer jovem.

A magia da saúde tem como resultado principal preservar o espírito da juventude, tanto quanto possível, mesmo em idade avançada.

Alguns seres iluminados pelo amor mantêm graça e beleza, mesmo na velhice, e isso acontece por causa do espírito evoluído, pleno de amor, a chamada beleza da alma, que irradia suavidade e excelente vibração, sempre presente. Esses dominaram a magia do agora.

Nossa sociedade valoriza muito a beleza da juventude, e demonstra infelizmente pouco apreço pela beleza da sabedoria e da experiência. Se você for jovem, use bem a sua juventude, porque ela passa, rápido. Use sua saúde para o bem. A vida passa rápido, é sopro divino, por isso imortal, mas ainda assim sopro, que vem e vai, como a respiração. Viva o grande valor da experiência, que traz a sabedoria.

Medite sobre seus hábitos, sobre seu corpo, e o que deseja fazer com ele.

28
A magia da poesia

A poesia tem grande magia. Pode realizar encantamentos e milagres.

A magia da poesia tem o dom do encantamento. Revela as sutilezas escondidas, e faz pensar no que nunca foi pensado. Cria imagens de sonho, reinventa o mundo e revela seus mistérios.

A magia da poesia serve como poucas para seduzir, para se apaixonar e acreditar no amor. Poucas coisas funcionam melhor do que cartões apaixonados, com versos, com poesia. Se der flores junto, é melhor que sejam plantadas em vasos, porque assim funcionam como poemas vivos, que necessitam cuidado sempre e guardam consigo a memória do ser amado. Uma das magias mais poderosas de amor que já inventaram é realmente dar flores com versos apaixonados. A magia da poesia serve para diversos tipos de invocação.

Sempre fui muito apaixonado pela poesia. Como não o ser na terra de grandes poetas, como Castro Alves, Carlos Drummond de Andrade, Vinicius de Moraes, Mario Quintana, Manuel Bandeira, João Cabral de Melo Neto, Jorge de Lima, Ariano Suassuna, Manoel de Barros, Cecilia Meireles, Adelia Prado, Cora Coralina, Conceição Evaristo, Fernando Brant, Chico Buarque, Cartola, Paulinho da Viola, Arnaldo Antunes, Paulo Leminski, Raul Bopp, Clarice Lispector, Antonio Cícero e muitos outros?

Tive a sorte na vida de ter alguns encontros mágicos com outros grandes poetas populares, cujas obras merecem ser lidas e relidas, por todos que quiserem se aprofundar na magia da poesia: Cazuza, Elisa Lucinda, Hilda Hilst, Thiago de Mello, Ferreira Gullar, Renato Russo, Geraldo Carneiro, todos em algum momento tornaram-se meus amigos e me encantaram com a magia da poesia, que até hoje é recorrente em minha vida.

Dos grandes poetas de todos os tempos, um dos que mais amo é Rumi, cujos versos prediletos reuni no trecho abaixo, para exemplificar a magia da poesia:

Na verdade, somos uma só alma, tu e eu.
A inspiração que procura já está dentro de você.
Fique em silêncio e escute. O silêncio tem tanto a lhe dizer.
Que a beleza do que você ama seja o que você faz.
O que você procura está procurando você.
Você não é uma gota no oceano. Você é um oceano inteiro numa gota.
Sem amor, nem uma gota se transformaria em pérola.
Em tua luz, aprendo a amar. Em tua beleza, a escrever poemas.
Quero cantar como os pássaros, sem preocupação com quem escuta ou o que pensam do meu canto.
A vida nos joga de um sentimento ao outro e nos ensina por meio dos contrastes, de modo que temos duas asas para voar, não apenas uma.
Você tem dentro de si mais amor do que jamais poderá entender.
Você nasceu com muito poder, com bondade e confiança, com ideais e sonhos. Nasceu com grandeza. Nasceu com asas. Não deve rastejar. Você tem asas. Aprenda a usá-las e voe.
Estas dores que você sente são mensageiras. Escute. Não se lamente. O que se perde volta de outra forma.
Por que você permanece na prisão quando a porta está completamente aberta?

A poesia é mágica porque nos revela o Ser.

Ave Safo, Homero, Shakespeare, Dante, Rabindranath Tagore, Khalil Gibran, Kipling, Blake, Byron, Maya Angelou, Shelley, Donne, T.S. Eliot, Yeats, Walt Whitman, Bob Dylan, Baudelaire, Rimbaud, Whitman, Florbela Espanca, Garcia Lorca, Gabriela Mistral, Fernando Pessoa, Pablo Neruda, Caetano Veloso, Casemiro de Abreu, Dylan Thomas, Rilke, Emily Dickinson, Bukowski, John Milton, Camões e tantos outros. A lista é muito grande, tanto que não cabe nas páginas deste livro. Peço perdão antecipado a todos os grandes poetas que não citei. São muitos. Toda oração, em qualquer fé, é como poesia que nos leva ao coração do Ser, à magia da criação.

Acolha a magia da poesia, a cada dia, em sua vida, e terá resultados mágicos.

29

A magia da proteção

A magia da proteção e da guarda é essencial para evitar os muitos perigos que existem no mundo. Enquanto este livro estava sendo escrito, a pandemia do coronavírus atingiu o mundo e modificou os hábitos de todos. Proteger-se ganhou renovada importância, diante do inimigo invisível.

Na minha juventude, passei incólume pela epidemia da AIDS, que levou muitos amigos e mestres. Lembro de Cazuza e Renato Russo, a cantar a meu lado. A grande peste do final do século XX, o vírus HIV, levou os dois grandes ídolos e milhares de pessoas, até que a medicina conseguiu estancar as mortes.

A magia da proteção, no caso das doenças sexualmente transmissíveis, é usar sempre preservativos, as camisinhas, para poder aproveitar o sexo sem medo.

Para se proteger, é preciso também recusar as drogas. Vi muita gente drogada, ao longo da vida. A cocaína é um horror, que vicia e destrói quem a usa. Trabalhei no Teatro com uma atriz, D., muito famosa e de muito talento, totalmente viciada, cujo comportamento dava pena. Cheirava tanto pó que tinha incontinência urinária. Eu a vi se urinar sobre o palco. O pó havia destruído suas cavidades nasais, e mesmo assim ela não parava de cheirar. Tinha sempre uma caixinha cheia, dentro da bolsa. Seu comportamento era autodestrutivo e agressivo, por causa da influência da cocaína.

Pode-se aprender sempre pelo exemplo ou pela experiência. Dói menos aprender pelo exemplo. Passei a recusar sistematicamente as drogas. Também é preciso recusar o vício extremamente perigoso do alcoolismo. Alguns exemplos próximos, em minha família, serviram para me deixar longe do hábito de beber sem parar.

Meu pai me ensinou um ritual mágico, excelente, para aproveitar a bebida e não ficar de ressaca, no dia seguinte, nem perder a linha, na hora da festa. Basta beber um copo de água para cada copo de bebida. É ritual mágico que funciona lindamente, aconselhado especialmente a todos os que bebem socialmente.

É curioso, porém lógico, que este capítulo sobre a magia da proteção se desenvolva sobre esse assunto das drogas e vícios. Realmente, uma das melhores magias para se proteger é dizer não às drogas e às bebedeiras.

Sobre a maconha, também há o que dizer. Hoje a maconha já é aceita, recreativamente, e foi legalizada em muitos países e lugares do mundo. A *Cannabis* tem diversos usos medicinais reconhecidos, para insônia, ansiedade, inapetência, e é considerada útil em casos de doenças terminais. No Brasil, especialmente no Rio, há muita pressão para que um jovem fume, especialmente no meio artístico. Porém, há que tomar muito cuidado. A maconha vicia, não quimicamente, mas cria hábito difícil de se livrar, na vida.

A maconha não deve ser fumada na adolescência, porque pode desencadear surtos de esquizofrenia, em jovens até perto dos vinte e poucos anos. Por isso, se quiser muito experimentar, espere pelo menos até ter um quarto de século. Muitos jovens podiam não ter desenvolvido a esquizofrenia, se não tivessem fumado cedo.

O hábito de inalar, fumar, cheirar ou ingerir substâncias, em busca dos mais diversos tipos de transes, é muito perigoso. Novas drogas sintéticas, como a metanfetamina, estão se tornando verdadeiras pragas, a criar vício e autodestruição, em número imenso de pessoas.

É também extremamente perigoso fumar ao lado de crianças, porque isso pode acarretar sérios problemas de saúde e crescimento para elas.

Reproduzo aqui algumas orações para guarda e proteção, que amo especialmente. A primeira é a que rezo com meu filho, todas as noites, desde que ele começou a falar:

Anjinho da guarda, meu bom amiguinho, me leve sempre para o bom caminho.

A segunda, aprendi durante o tempo que adaptei a obra *Brida*, de Paulo Coelho, para o teatro. Coloquei-a na peça, e o Paulo a colocou em seu próximo livro, *As Valkirias*:

Santo anjo do senhor, meu zeloso guardador, se a ti me confiou a piedade divina, sempre me rege, governa, guarda, ilumina.

A grande maioria das pessoas no Brasil (e creio que no mundo) acreditam em anjos da guarda, seres invisíveis, que cuidam de nossa proteção. Rezar pela guarda e pela proteção pode parecer tolo para alguns, mas é magia que tem funcionado bem em minha vida.

Medite sobre o que faz para se guardar e proteger, e também sobre hábitos de saúde e como se livrar de quaisquer vícios existentes na sua vida.

30
A magia dos seres invisíveis

Em todas as religiões do planeta, encontra-se a crença em seres invisíveis, deidades, anjos, santos, djins, orixás, uma miríade de espíritos, com poderes próprios.

Na *Divina Comédia*, de Dante, encontra-se a ideia de que há diversos anjos, em diferentes planos de existência, em escalas de aproximação com Deus, o Criador, e Deus é o Amor. A viagem de Dante pelos diferentes círculos do Inferno, Purgatório e Paraíso, simboliza o que pode acontecer em nossas próprias vidas. A depender de nossas ações, vamos conhecer o inferno, o limbo ou o próprio Paraíso, aqui mesmo na Terra ou em outras esferas. Na medida em que nos aproximamos do Amor, que move as estrelas, também nos aproximamos de Deus e das delícias do paraíso. Na medida em que nos afastamos da luz do amor e da gratidão, aí haverá a infelicidade. Cada um de nós está exatamente onde merece. Fiz esta pequena digressão sobre o assunto, mas o capítulo é para falar dos seres invisíveis, como os anjos.

No catolicismo, além da crença nos anjos, há também a fé nos santos. Vi meus avós e muita gente que tem fé nos santos recorrer e rezar a eles, pedir pela intercessão desses seres invisíveis, para obter favores e assim realizar alguma vontade, ou seja, rezas mágicas a santos para a obtenção de milagres. Pessoalmente, desenvolvi amor e devoção pelo santo Francisco de Assis, sobre o qual falarei mais à frente.

Os anos 80 marcaram o meu mergulho definitivo no ecumenismo, na fé e no conhecimento que independem de qualquer igreja, dogma ou sistema religioso. Eu me mantive independente de filiação a qualquer igreja, justamente para poder aprender sobre todas as religiões. Comecei a estudar sistematicamente outras religiões e crenças, para entender o que podiam acrescentar ao meu conhecimento espiritual.

Na Umbanda, religião de origem brasileira, encontram-se o Exu, a Pomba Gira, o Preto Velho, o Caboclo e o Erê. São figuras marginais na sociedade, mas ganham poder espiritual sobre as vidas humanas. São reverenciados e aconselham nas demandas da vida de cada um que busca se empoderar naqueles terreiros.

Fui ao primeiro terreiro de Umbanda, quando tinha 14 anos de idade, antes de ir para a Inglaterra, com meus amigos do colégio católico Zaccaria, no Rio de Janeiro. Quando tinha vinte e poucos anos, na década de 80, fiquei muito amigo de um jovem umbandista, o José Ricardo, que se hospedou em minha casa algum tempo, e sabia muitas canções de preto velho. Fomos juntos visitar sua mãe, em Minas Gerais, e ela incorporou o Preto Velho, a seu pedido.

Sempre me impressionei muito com o fenômeno das possessões, também muito presente no Candomblé, e em quase todas as religiões do planeta. Na verdade, quase todas as religiões reconhecem o fenômeno das possessões e a existência de energias invisíveis e obsessoras. Talvez por isso, meu primeiro filme independente, como vamos ver, trata das possessões.

Muitos anos depois, voltei a entrar em contato com a Umbanda, através de outro amigo, meu xará Tiago, que se hospedou em minha casa, durante algum tempo, e era totalmente devoto daquela religião.

Muita gente discrimina outras religiões, como algo maléfico, quando na verdade, todas devem ser respeitadas. A existência de espíritos invisíveis, convivendo conosco, também faz parte da crença do espiritismo kardecista, outra referência forte no Brasil, inclusive na minha família. Em outro capítulo, falo mais também da minha experiência com o espiritismo.

Fiquei muito amigo de outro dramaturgo, o Paulo Cesar Coutinho, que estava cada vez mais envolvido com o Candomblé, outra religião brasileira com origem africana, que cultua os mesmos orixás que se encontram também na costa ocidental da África ou em países do Caribe.

No Candomblé, encontra-se toda uma nova interpretação religiosa do mundo. Os orixás, entidades vivas, forças da natureza, muitas vezes lembram os antigos deuses gregos, que também personificavam forças naturais. No Candomblé, Exu é o mensageiro; Olorum reina sobre os céus, mistério inefável, Deus original, do qual tudo se criou; Oxalá reina na criação do mundo e da humanidade; Iemanjá é a rainha do mar; Iansã é a senhora dos raios; Oxóssi é o caçador, o senhor das matas; Xangô comanda a justiça; Oxum, deusa da beleza, é cultuada nas cachoeiras e nas águas dos rios; apenas para dar alguns exemplos, entre muitos outros, todos com histórias de grande beleza. Com todo o respeito a todos os orixás, axé! Axé é saudação que conjura energia positiva, uma palavra mágica, sagrada, daquelas que se encontram em todas as culturas, como namastê ou amém, apenas para citar algumas.

Assim como outros rituais mágicos, de outras culturas, os trabalhos do Candomblé servem para abrir caminhos, para vencer demandas e realizar os sonhos desejados.

Sobre os seres invisíveis que se originam do Ser, há diversas formas de se relacionar com eles, com os anjos, os espíritos, as energias sagradas, os santos, os orixás, as forças da natureza, os semideuses, djins, forças ancestrais, primevas, arquétipos, pilares da criação, todos chamados por diferentes nomes, em diferentes culturas, conforme aprendi, mas essencialmente os mesmos. E sobre todos eles, fonte primordial, o poder inteligente, infinito e eterno, sempre a se renovar, o Ser, a Vida, o Caminho, o Universo, Deus, Olorum, Olodumaré, Allah, Buda, Deus, Jeová ou Natureza, como quiser chamá-Lo.

Pessoalmente, acredito sim que há seres invisíveis, energias invisíveis, próximas a nós, e que podem nos influenciar. Os demônios, espíritos do mal, também existem, e todos teremos em algum momento maus pensamentos, todos seremos tentados, mas podemos recusar o mal, e feliz é quem consegue resistir às tentações de fazer qualquer mal a qualquer ser, em qualquer nível. Recusar a mentira, a violência, o egoísmo, a indiferença, a crueldade, tudo isso é recusar o mal. O bem está na verdade, na paz, na caridade, na bondade, na gratidão e no perdão. Quando se recusa qualquer tentação diabólica, esvazia-se o poder do maligno, que fica reduzido a nada. Sua crença determina seu mundo.

Além das entidades poderosas, acredito na existência de espíritos desencarnados, cuja energia pode permanecer ligada a um local, até por muito tempo. Em um apartamento que morei, enxergava às vezes de canto de olho um vulto, no corredor dos quartos, mas quando olhava frontalmente, já não conseguia vê-lo. O mais interessante é que minha querida amiga e secretária Nilda também viu o vulto e espontaneamente comentou comigo, sem que eu jamais tivesse comentado o fato com qualquer pessoa da casa, porque não queria impressionar ninguém.

Há muitos relatos de poltergeist, vozes, espectros, sons, visões, fantasmas, fenômenos, assombrações, que corroboram a opinião de que alguns espíritos desencarnados podem permanecer ligados ao mundo da matéria, durante um tempo às vezes longo. Mais uma vez, volto a repetir, haverá quem ache tudo isso crendice ou superstição sem fundamento científico, porém, como disse Shakespeare, "há mais coisas entre o céu e a terra do que sonha a filosofia".

Medite sobre as forças da natureza e os seres invisíveis, em sua vida.

31
A magia esotérica

Na *Doutrina Secreta*, de Helena Blavatsky, e em estudos da Teosofia, há muito que aprender sobre os mistérios da natureza e da divindade. Entende-se, por exemplo, que tudo é Um. No momento em que compreendi a unidade essencial de tudo que é, estava deitado, num campo gramado, olhando o céu intensamente estrelado de uma noite sem lua, em Maringá, Visconde de Mauá, Minas Gerais. Foi um momento de iluminação espiritual profunda. Somos partes do Ser. Somos parte de Deus. Deus está em nós e em tudo que existe. Tudo é Um.

O Ser único, que muitos preferem chamar simplesmente de Deus, dá origem no Tempo a uma manifestação sempre mutante de uma infinitude de seres, visíveis e invisíveis. Tudo está relacionado, porque tudo vem do Ser, que tudo guia e tudo permeia.

Helena Blavatsky queria unir ciência, religião e filosofia. Com o aumento da circulação da informação através do planeta, os pontos coincidentes entre as religiões ficaram cada vez mais evidentes. Blavatsky estudava tradições esotéricas de antigas religiões, como o egípcio *O Livro dos Mortos* e o budista *O Livro dos Preceitos Dourados,* que ela mesma transcreveu como *A Voz do Silêncio.* Em ambos os livros, lida-se com a vida além da vida.

Uma das imagens de Deus para a Blavatsky era o ponto no meio do círculo. O ponto representa o 1 e o círculo o 0. A Blavatsky se refere a Pitágoras, que já há 2500 anos investigava as relações matemáticas que regem todo o universo. Pitágoras era fascinado pela magia dos números, por exemplo, pela natureza triangular do número 10:

@

@ @

@ @ @

@ @ @ @

Como poderiam imaginar Pitágoras e a Blavatsky que o conceito binário de 1 e 0 seria a base para toda a rede mundial de computadores?

O Ser Único no Tempo se expande em infinitos seres, em diversos níveis, múltiplas dimensões, dando origem a novos universos. O Tempo começa com a Singularidade. É o que estão afirmando os cientistas, em pleno século XXI. É assim pela eternidade.

As leituras de Joseph Campbell, Helena Blavatsky e Carl Jung me levaram também a pesquisar os símbolos sagrados. A Cruz, por exemplo simboliza também a conexão entre o mundo espiritual e o mundo material.

O símbolo do Tao foi um dos que mais me chamou a atenção.

O Tao mostra a natureza do universo, concebido da energia cósmica, regida pelo contraste entre o Yin (passivo) e o Yang (ativo). Além dos contrastes, percebe-se a Unidade essencial.

Os livros da Blavatsky são muito interessantes, de grande erudição. Não à toa, ela adotou como lema da Teosofia: "*não existe religião mais profunda do que a verdade*".

Nesta imagem do símbolo da Teosofia, acima de tudo, no topo, está o sânscrito Aum, energia primordial que representa a unidade de tudo. Logo abaixo, em sua versão inglesa, está a *swastika,* ancestral cruz hindu, que simboliza a eterna mudança. Neste símbolo, a *swastika* aparece atenuada, para não lembrar a suástica nazista. Hitler se apropriou desse antigo símbolo sagrado hindu, e o girou na direção contrária, como espelho distorcido, o que fez muita gente desconfiar que o louco ditador alemão estudou mesmo esoterismo e magia oculta, porém a usou para ódio e destruição, sendo assim mais uma figura do mal, um anticristo.

O esoterismo é o estudo de conhecimentos ancestrais, antes considerado para poucos, mas muito popularizados nos séculos XX e XXI. Trabalhos como este livro tornam exotérico (para todos) o que antes era esotérico (para poucos).

Ainda no símbolo da Teosofia, o círculo da serpente, que devora o próprio rabo, indica que o fim é também novo começo, num ciclo de eterna renovação do Universo, que tudo abarca. O selo de Salomão, de seis pontas, dois triângulos invertidos, representa a geometria sagrada. No centro de tudo, está a cruz egípcia do ankh, que simboliza a vida.

O estudo da comparação de símbolos e mitos é muito interessante, para quem gosta do assunto. Particularmente, acho encantadora a magia da geometria, o estudo dos números mágicos, desde Pitágoras, há milênios. Repare, por exemplo, como o selo de Salomão tem tudo a ver com o Sri Yantra hindu:

As mandalas, com beleza geométrica, expandem-se a partir do centro, num caleidoscópio de criação matemática de múltiplos universos. As mandalas simbolizam a grande inteligência do Ser Uno, que dá vida a múltiplos seres.

O Ser é. Isso não é preciso provar. Há aqueles que querem provar a existência de Deus, e isso quer dizer na verdade provar a vontade e a inteligência criadora do Ser, que são óbvias para algumas pessoas, mas para outras pessoas não.

Em *O Tao da Física*, Fritjof Capra investiga os "paralelos entre a física moderna e o misticismo oriental". Compara a física de partículas subatômicas com os pensamentos filosóficos da Índia e da China. Muitas coisas que hoje os cientistas comprovam matematicamente ou por instrumentos cada vez mais desenvolvidos já tinham sido intuídas desde os tempos pré-socráticos, na Grécia Clássica, há 2500 anos, ou no Egito, na Índia e na China, há milênios. Também Stephen Hawkings muitas vezes se refere aos antigos conhecimentos, em seus livros.

Um capítulo sobre a magia esotérica não poderia terminar sem falar de Saint Germain. Mestre ascensionado, regente da era de Aquarius, através de suas múltiplas encarnações, Saint Germain impulsiona a humanidade em sua evolução. Amo tanto a história de Saint Germain, que não poderia deixar de incluí-la neste livro. Reza a lenda que Saint Germain foi Platão, São José e Francis Bacon, entre outras encarnações.

Para o filósofo Gurdjeff, é possível despertar do sonho acordado, da ilusão, para um novo estado de consciência, através do desenvolvimento interior. É um discurso que encontra uma saída para o antigo mito da caverna, de Platão. É possível romper os véus de Maya, a ilusão.

Sobre o Ser, Deus, Allah, Brahma, Zambi, Jeová, aquele que É, Vida, Natureza, Universo, o que podemos fazer é amar sua criação, tal como É, aqui e agora, e esta atitude é a mais poderosa que existe.

Medite sobre o amor que tem pelo que existe em sua vida.

32
A magia da resiliência

O caminho do mago é aceitar a realidade e seguir adiante, com perseverança, com resiliência. Muitas vezes é preciso errar seguidamente, mas persistir, até conseguir acertar. Os leões conseguem sucesso na caça uma vez em cada dez tentativas. Uma vitória é suficiente para compensar dez fracassos. Podemos receber vinte nãos antes de conseguirmos o sim que vai fazer toda a diferença na vida.

Este é um mundo de provações, e a magia da resiliência é muito útil para ajudar a vencê-las. Quando os obstáculos surgem, no caminho das realizações, é preciso ser resiliente, persistir e superar todos os obstáculos, até alcançar a vitória.

Passei por várias provações, na vida, em que tive que ser resiliente. Errar, de vez em quando, é inevitável. O importante é saber se recuperar dos erros.

Por exemplo, o artista, a menos que seja independente e saiba se produzir, é um desempregado crônico. Muito mais que em outras profissões, os artistas precisam ter reservas, saber guardar, ou necessitam outras fontes de renda. O ator, por exemplo, pode ser também professor, produtor ou escritor, entre outras muitas funções que existem nas artes cênicas. Ou pode ser o criador de sua própria história.

De todo jeito, sempre seremos cocriadores de nossas histórias. Frequentemente, atraímos o que mais tememos, especialmente quando pensamos demais sobre nossos medos. Tudo que acontece, seja bom ou ruim, é para nossa evolução. Por exemplo, se um investimento ou um relacionamento ou um trabalho não dão certo, haverá melhores, no futuro. Essa fórmula mágica de fé sempre levará adiante, com sucesso.

A lição mágica de não desistir e sempre poupar leva à fortuna. Muita gente ganha dinheiro e não sabe guardar, gastando tudo com carros, viagens caras, luxos desnecessários e prazeres efêmeros. Tudo isso pode ser muito bom e agradável, mas se não houver poupança e investimento seguro, não haverá paz e a satisfação, ao longo prazo. Não há nisso nenhuma contradição com a atenção ao momento presente. Não é bom gastar tudo que se tem agora e ficar sem nada depois. É bom gastar o necessário para a felicidade momentânea, sabendo que há ainda reserva para ter o necessário no futuro, que logo se fará presente.

A magia da resiliência envolve recomeçar. Nem sempre é fácil recomeçar. E, no entanto, isso é muitas vezes necessário. Toda mudança pressupõe um recomeço. Há um lado muito bom de estar no começo de qualquer nova fase. As possibilidades são muitas, e é preciso escolher bem, focar e trabalhar pelo melhor resultado, de acordo com o que se deseja atingir.

Sempre é possível aprender mais, sobre qualquer assunto que se ama. Sempre é possível evoluir, e a evolução vem de mudanças e recomeços.

Muitas vezes, é preciso perseverar, quando se manifestam os obstáculos, até que encontremos a chave certa, a porta certa, para que os objetivos se realizem.

O grande poder mágico de recomeçar é abrir novas portas para que as próximas maravilhas do Ser se manifestem. Todo dia é um recomeço. Todo instante é um recomeço. Medite sobre o recomeço, em sua vida.

A magia da resiliência é resistir a cada nova provação, e tentar de novo, com perseverança infinita, com amor incansável, até conseguir o sucesso. Não importam os fracassos e derrotas no caminho, quando finalmente se chega à vitória. Com fé, paciência e atitudes corretas, vencem-se todos os obstáculos. Viva a magia da perseverança e da resiliência, que busca as ações corretas para realizar a boa vontade. Reflita sobre a resiliência necessária em sua vida para obter o sucesso no que deseja.

33

A magia da ayahuasca

Na comunidade Céu da Montanha, em meados dos anos 80, experimentei Ayahuasca, mistura de uma erva com um cipó, que tinha dado origem a uma nova religião, o Santo Daime, no Acre.

Era um salão grande, onde homens e mulheres, fardados, em cantos separados da sala, cantavam os hinários recebidos pelos padrinhos Irineu, Sebastião e por Alex Polari, líder da comunidade. Tive vontade de vomitar e saí do salão.

Lá fora, no mato, vomitei e logo me senti melhor. Isso acontece frequentemente com quem toma a ayahuasca. É o que os devotos chamam de peia, e serve para a limpeza interior, segundo eles.

Em vez de voltar ao salão, preferi ficar perto da fogueira, lá fora. Um homem fardado queria que eu voltasse para dentro, mas eu preferia ficar ali a mirar o fogo. O Chico Correntes, braço direito do padrinho Sebastião, na época líder do Santo Daime, estava ali, e me deixou ficar ao seu lado. Passei boa parte da noite conversando com ele. Guardo boa lembrança daquele homem simples e sábio, que sabia não forçar os outros a não fazer o que não queriam. Mirar a fogueira em si é um ato mágico purificador. Sob o efeito da ayahuasca, o fogo nunca me pareceu tão mágico, como naquela noite. A ayahuasca provocava no cérebro "mirações", visões espirituais, conexões com o sagrado.

Tomei ayahuasca pela segunda vez, fora do contexto da religião. Há muita gente que aprecia a ayahuasca, mas não quer seguir a religião fardada. Naquele segundo encontro com a mágica mistura da erva com o cipó, vomitei de novo, dessa vez no banheiro da casa. Ao me olhar no espelho, vi que minha pele parecia esverdeada e me assustei. Porém, de novo, após o vômito, eu logo me senti melhor.

Num determinado momento da noite, lembro que eu e meus amigos nos quedamos imóveis, no imenso jardim, como árvores, imersos em pensamentos e visões. Tive então a sensação da onipotência. Senti que poderia realizar qualquer coisa que quisesse. A questão era: o que eu queria realizar na vida?

Muitos amigos queridos se envolveram profundamente com a ayahuasca e encontraram seus caminhos espirituais. Já eu preferi continuar minha busca espiritual sem o auxílio da mistura mágica da erva rainha com o cipó jagube ou mariri.

O Ser leva cada um por seu caminho. E são muitos os caminhos do Ser. Para alguns, a ayahuasca - como qualquer outra religião - pode ser o caminho para a bem-aventurança, a paz e a iluminação espiritual. Para mim, era muito forte, e decidi não continuar.

Gente verdadeiramente maravilhosa e altamente espiritualizada ama o Santo Daime, e vive de acordo com os valores preconizados pelo padrinho daquela religião: "harmonia, amor, verdade e justiça", numa vida em comunidade, praticando a fraternidade, a pureza e a humildade.

Nem tudo é para todos. Que cada um conheça os próprios limites. Nem sempre o que funciona para outros funciona para nós, e vice versa. Saber se conhecer e se respeitar, isso também é amor próprio. Ainda que muitos magos, em culturas diversas, tenham o costume ancestral de usar ervas e poções, sempre achei interessante pensar que a verdadeira viagem do espírito, na realização de seus sonhos, pode ser atingida de forma independente de qualquer substância. Principalmente, há que se tomar cuidado com os excessos. Como a própria palavra aponta, o excesso é um mal que deve ser evitado.

Medite sobre os caminhos de sua aventura espiritual.

34
A magia da criação

A magia da criação permite que nós mesmos criemos nossas vidas, através de nossas escolhas, que têm consequências. Tudo tem causa. Tudo tem efeito.

De onde vêm as ideias? De alguma dimensão sutil, soprada por anjo invisível, as ideias se instalam em nossas vidas e nos guiam. Que as ideias sejam boas e sirvam para o bem de outras pessoas, porque assim se encontram os caminhos dignos.

A criação acontece primeiro no espírito, no pensamento, para depois tomar forma no mundo material. Cada um é cocriador da própria realidade. Consciente ou inconscientemente, cada um atrai o que vibra. O mago tem a consciência do processo, e direciona a vibração, o sentimento, o pensamento, o plano, o projeto, com ação, atenção e concentração, para o fim desejado.

Criar uma sucessão de momentos sempre de amor é criar mágica história de vida.

Medite como você está a criar a sua vida.

O que você atrai com as suas decisões?

O que está criando para si mesmo?

O que poderia criar na sua vida que lhe traria ainda mais felicidade?

Como busca aquilo que precisa, no momento? Que caminhos podem ser criados e trilhados para chegar à realização desejada?

35
A magia de Buda

Estudar o budismo e a magia de Buda é um modo de encontrar um novo caminho na vida.

Meu primeiro contato, ainda criança, foi com a imagem de Buda, que transmitia contentamento, felicidade, sabedoria. Era bem diferente da imagem do Cristo sofredor, na cruz.

A obra de Hermann Hesse, *Sidarta,* é uma visão muito pessoal, original, com algumas diferenças marcantes em relação aos sutras que preservam a doutrina de Buda. Foram os livros que mais uma vez mostraram o caminho da magia, e me trouxeram os sutras, os ensinamentos de séculos do budismo.

A história do príncipe Sidarta, confrontado com velhice, doença e morte, num mundo em que nada permanece, um mundo imprevisível, sempre em busca da iluminação, é uma fonte preciosa de conhecimento, um manancial inesgotável de histórias com o poder mágico de mostrar caminhos para a evolução.

Que magia pode ser maior do que se tornar um ser iluminado? Muito além de glória, fama e fortuna, este deve ser o desejo maior de quem trilha o caminho da magia, muito além das meras buscas terrenas e cotidianas de trabalho ou satisfação de necessidades.

Sidarta deixava seu palácio, deixava mesmo um filho, para buscar a iluminação. Não importava ser rei. Não era o luxo da vida no palácio que ele buscava. Era a Iluminação. Sidarta foi viver como asceta. Devoto da pobreza, conheceu fome e grandes sacrifícios em busca da iluminação. Insatisfeito por não achar ali o que procurava, decidiu trilhar seu próprio caminho.

Eu me sentia como Sidarta, buscando meu próprio caminho. Não somos todos assim? Por mais que nos inspiremos e procuremos copiar os que vieram antes, o caminho de cada um de nós sempre será próprio, único.

Sidarta meditou e venceu demônios para encontrar a iluminação. Sim, para alcançar a Terra de Buda, é preciso vencer o mal. Assim como o Cristo, o Buda tinha sido tentado pelo mal e tinha vencido.

Todos em algum momento seremos tentados por maus pensamentos, por demônios interiores e invisíveis. Assim como o Buda e o Cristo, temos que vencer esses demônios.

O Buda e o Cristo são energias divinas que tomaram forma humana para ensinar à humanidade valores em tudo semelhantes: amor, caridade, compaixão, verdade, respeito, fé, mesmo em face às maiores provações. A Terra de Buda era como o reino de Deus. Eu já amava as parábolas de Jesus. Agora tinha também os sutras budistas.

Queria ser como Sudhana, famoso discípulo de Buda, que aprendeu o mar com um pescador, a compaixão com um médico, a alegria com as crianças, a paciência com uma mulher que sofria, a poupança com um rico, e resolveu por isso guardar tudo que descobriu sobre a Iluminação. Sudhana aprendeu que a mente tranquila pode trazer a paz a quem estiver próximo, que a maior sabedoria é a da caridade, que em tudo que se experimenta na vida há um ensinamento. Sudhana transformou sua mente num castelo, onde convidou o grande Ser, Buda, a entrar, oferecendo-lhe gratidão e alegria.

Além das parábolas, das histórias mágicas, a doutrina budista apresenta todo um sistema lógico e filosófico para alcançar a iluminação. O budismo mostra que tudo tem causa e efeito. Qualquer sofrimento tem uma causa, uma fonte. A sabedoria está em entender o que levou ao sofrimento, e como seguir o nobre caminho que leva ao seu fim.

Os nobres caminhos são a compreensão verdadeira, o pensamento correto, a fala adequada, o comportamento virtuoso, o modo de vida honrado, o esforço bem empregado, a atenção bem dirigida e a concentração inabalável.

O caminho do Mago é o caminho do Iluminado, que com a sua magia traz algo de mais belo e melhor para o mundo, e consegue a paz interior, mesmo face às provações do caminho.

A ausência do desejo que provoca o sofrimento leva à bem-aventurança do nirvana, da Terra de Buda, com plena aceitação amorosa da realidade sagrada.

De todos os ensinamentos do budismo, tenho particular predileção pelo Caminho do Meio. Entre dois caminhos radicalmente diferentes, há sempre o caminho do meio. Não mortificar o corpo nem viver apenas para os prazeres do corpo. Buscar as delícias da meditação transcendental, que nos reconectam ao Ser, sem deixar de cuidar das necessidades do corpo.

Muitas vezes, nesta vida, quando estou em dúvida sobre o que fazer, penso comigo mesmo o que seria o caminho do meio, em uma determinada situação. Nem tanto ao mar, nem tanto à terra. Entre os extremos, encontra-se o equilíbrio. Muitas vezes, optei pelo Caminho do Meio, e foi bom para mim. Por exemplo, no momento em que fiquei de novo desempregado, voltei a estudar, desta vez para o Mestrado em Sociologia.

Medite sobre o que pode ser o caminho do meio, em alguma provação ou questão em sua vida.

36
A magia dos estudos

Para realizar qualquer coisa, é preciso estudar antes. É preciso aprender. Estudar é uma das magias mais poderosas que existem. Se o mago deseja realizar algo mágico, deve estudar ao máximo tudo que está relacionado ao que deseja fazer. Quem estuda para prestar bom serviço a alguém, seja o que for, está em bom caminho. Tudo que se estuda contribui para a nossa evolução.

Mesmo quem já aprendeu muito sempre pode aprender mais. Mesmo o mais sábio entre os sábios pode evoluir.

Na Universidade Federal do Rio de Janeiro, estudei magia em diversas culturas, mitologia, psicologia, filosofia, sociologia, economia, estatística, política e antropologia. Graduei-me bacharel em ciências sociais e depois passei na prova para o Mestrado em Sociologia, o que me garantiu uma pequena bolsa de estudos. Agora estava ganhando para continuar a estudar.

Encontrei no Instituto de Filosofia e Ciências Sociais uma nova mestra, que abriu meus caminhos, Yvonne Maggie, tão mágica que carrega a magia no nome. A tese de doutorado da Yvonne, *O Medo do Feitiço,* mostra que quase todos os brasileiros acreditam em feitiços, ou seja, magia.

No livro anterior da Yvonne, *Guerra de Orixá: um estudo de ritual e conflito*, aprendi também que muita gente usa práticas mágicas para combater outras pessoas. Este fenômeno, muito comum no Brasil, também observei nos livros de Castañeda, em que havia grandes batalhas travadas por diferentes magos.

A crença na magia não existe apenas no Brasil. É praticamente universal. O pensamento mágico existe na Humanidade. É claro que sempre haverá exceções: os céticos, os ateus, os que têm o preconceito de que tudo relacionado a magia e religião é superstição. Ao deixarem de conferir valor a esses níveis do pensamento humano, deixam também de entender o poder dos mitos e dos símbolos, como visões do mundo, formas de compreensão da realidade.

Com Yvonne Maggie e outros estudantes, ajudei a realizar o Catálogo da Abolição IFCS-UFRJ, que catalogou tudo que conseguimos no centenário da libertação de escravizados, no Brasil. Durante um bom tempo, naquele ano de 1988, frequentava semanalmente as festas dos orixás, em diversos terreiros do Rio de Janeiro. Foi meu mergulho mais profundo no conhecimento da visão de mundo do candomblé, uma religião monoteísta, que acredita no Deus criador, mas reverencia potências divinais, existentes em nosso mundo. Até hoje, sou apaixonado pelos orixás e seus mitos.

Ninguém trilhará os Caminhos do Mago, sem a magia do estudo.

Medite sobre o que deseja estudar e aprender.

37
A magia do conhecimento

Aprender uma linguagem – qualquer que seja - é desenvolver um dom, uma habilidade, um tipo de poder. Toda representação simbólica transmitida culturalmente tem sua própria energia, sua própria magia.

Por exemplo, a astrologia é um sistema simbólico que produz conhecimento, apesar dos céticos afirmarem o contrário. Quem não acredita na astrologia não entende as possibilidades de autorreflexão do indivíduo sobre diversos níveis de sua vida, a partir do mapa astral, dos planetas aplicados como símbolos de diversas facetas da personalidade humana. Muito antes dos estudos da psicologia, a astrologia já buscava identificar os modos pelo qual cada indivíduo se relaciona com o mundo.

Na análise de qualquer mapa astral, muitas questões da vida são analisadas: o propósito, o dom, a comunicação, a ordem, a espiritualidade, a paixão, o casamento, a família, a, justiça, o trabalho, a busca, a realização, as amizades, as dificuldades a vencer. Relacionamentos podem ser benéficos e facilitadores ou podem trazer suas tensões. Cada mapa astral, pelo posicionamento de planetas, nas casas do Zodíaco, produz um discurso lógico que permite ao indivíduo refletir sobre todas essas questões. A astrologia não é ciência exata, porque é construída sobre interpretações subjetivas de símbolos, mas ainda assim é conhecimento simbólico, passado de geração em geração, através dos séculos.

Roland Barthes deixou clara a questão da relação entre linguagem e poder em seu livreto *Aula*. A linguagem é fonte de poder. Quem tem os códigos e chaves de qualquer linguagem, domina seus poderes. "*Em Roma, como os romanos*", já dizia a minha avó. É bom conhecer os costumes, os códigos, as chaves, porque abrem portas. Por exemplo, um grande instrumentista, que sabe como ninguém usar seu instrumento, tem um poder que outros não tem. Quem sabe falar mandarim pode fazer coisas que outros não podem. Quem sabe as regras da álgebra, da gramática ou de como contar histórias, também. E poderia citar um número imenso de poderes, porque muitos dons foram dados à humanidade.

A compreensão da importância da troca e da dádiva veio através do *Ensaio sobre a Dádiva*, de Marcel Mauss. A dádiva gera a troca, e é a base de qualquer relação humana, de qualquer sociedade, desde a maternidade até o comércio ou o casamento.

Os grandes filósofos são viajantes da grande aventura da humanidade pelo conhecimento lógico do Ser. Pitágoras é especialmente fascinante, por investigar a geometria sagrada, a matemática que rege o cosmos. Heráclito é extraordinário porque expressou a dialética, a compreensão da realidade através da tensão dos opostos, a energia da explosão como causa inicial de tudo, o Logos (ou Inteligência) que tudo comanda e a permanência da mutação em tudo que existe. Amo os fragmentos de Heráclito, com o entendimento de que nunca o mesmo homem entra duas vezes no mesmo rio, porque tanto o rio quanto o homem já não são exatamente os mesmos. No entanto, e isso também é verdade, o homem e o rio podem muitas vezes se encontrar.

Para quem busca o conhecimento e tem sede de saber, a história da Filosofia é uma viagem de amor. Viva Nietzsche, não apenas por sua linguagem de grande beleza, mas por muitas outras compreensões: o eterno retorno de tudo que existe; a vontade de poder em todas as criaturas; a evolução do homem em super-homem; o entendimento de que o fato é sempre a interpretação do fato; qualquer verdade absoluta questionada; tudo isso é brilhante.

Marx influenciou o mundo, mais que qualquer cientista social. Reconheci o poder das palavras e das ciências sociais, ao ver como as ideias revolucionárias de Marx influenciaram toda a História da Humanidade, desde o século XIX. Infelizmente, ideias como a "luta de classes" e o conceito marxista-leninista de "ditadura do proletariado" sustentaram ideologicamente ditaduras sanguinárias.

A separação dos três poderes - o executivo, o judiciário e o legislativo -, idealizada por Montesquieu é o melhor sistema político que já inventaram até hoje. E é a origem de toda verdadeira democracia, nos tempos atuais.

Hegel me fez entender que sou primordialmente idealista e não materialista. A experiência de vida comprova que o espírito comanda a matéria. Sem dúvidas, as condições materiais influenciam a cultura, como depois defendeu Marx, porém acredito na prevalência da energia sobre a matéria. Criamos em nossas vidas o que pensamos, o que atraímos, primeiramente na mente. A verdadeira realidade é a espiritual. É o corpo que está dentro da mente, e não a mente que está dentro do corpo.

Ao pesquisar sexualidade, hospícios e prisões, Foucault demonstrou como o poder busca controlar o conhecimento. É outra faceta da mesma moeda de *Aula*, de Barthes.

Com Durkheim e Weber, chega-se à conclusão de que o estudo das sociedades humanas é capaz de produzir conhecimento científico. Muitos outros estudos sobre sociologia, antropologia, política e economia depois confirmaram isso.

Gilberto Freyre, Sergio Buarque de Hollanda, Raymundo Faoro, Roberto da Matta e Fernando Henrique Cardoso, Laurentino Gomes, entre outros, são grandes em suas interpretações do Brasil, de tantas qualidades e tantos defeitos.

Há muitos outros escritores, filósofos, sociólogos, antropólogos, economistas, historiadores, políticos, cientistas sociais, pensadores, cronistas, tantos que não há como citar todos. É melhor cometer o pecado de deixar vários autores maravilhosos de fora do que cansar o leitor.

Medite sobre alguma coisa cujo conhecimento você tenha vontade de aprofundar, algo que poderá fazer bem, e ao mesmo tempo fazer bem a outras pessoas. Medite sobre o que deseja estudar.

38
A magia dos rituais

É possível que alguém estranhe neste capítulo o uso da palavra "ritual" associada a rotinas e práticas não especificamente relacionadas a cerimônias religiosas. O estudo do hassidismo e do livro *Eu e Tu*, de Martin Buber, fez-me ver que todo momento é sagrado, e desde então deixei de fazer a distinção entre o sagrado e o profano, no cotidiano. Profano passou a ser, no meu entendimento, apenas negar o caráter sagrado de tudo que fazemos.

Qualquer grande trabalho, qualquer grande magia, só se pode realizar com rituais diários de muita dedicação, atenção, foco e concentração. A realização mágica depende de uma série de rituais necessários.

Os rituais diários, as rotinas estabelecidas, formam a base necessária para as boas realizações. Os rituais da educação, da limpeza, da alimentação, do exercício, da meditação, da oração e do trabalho contribuem muito para a evolução e sempre alcançam resultados mágicos.

A rotina é encantada e mágica, na medida em que vontades são realizadas, sempre através de rituais, ainda que muitos não tenham consciência disso,

Estava acostumado com os rituais do teatro, da televisão, das artes cênicas, que envolviam pesquisas, ensaios, experiências, até a realização do produto que estreava e era consumido pela audiência. Agora, estava de novo envolvido nos rituais dos estudos, das leituras, das provas, dos trabalhos universitários. Os hábitos de ler e escrever, que havia adquirido desde a infância, me ajudaram muito, naquele momento. Acordava cedo todos os dias, pegava o metrô, assistia às aulas, lia o que me mandavam, respondia o que me perguntavam, escrevia sempre que solicitado, e assim passaram-se alguns anos de minha adorada juventude, entre graduação e pós-graduação. Um dos meus rituais mais constantes naquela época era visitar o setor de Obras Raras da Biblioteca Nacional, no Rio de Janeiro, onde consultava velhos volumes, às vezes semidevorados por traças, para escrever minha tese de mestrado sobre os viajantes, nos séculos XV e XVI, que desbravaram as costas da África e como descreveram os povos que ali encontraram. É um trabalho que ainda pretendo publicar, depois de revisado com o olhar da maturidade.

É ótimo desenvolver o hábito ritual de cuidar do corpo, além da mente. Meu tempo é dividido entre estudo, trabalho, exercícios, limpezas, alimentação e prazeres da vida.

É bom que os rituais diários, as tarefas e hábitos que colocamos em nossas vidas, sejam saudáveis e tragam bons resultados. Se por alguma razão, eles trouxerem sofrimento, deve-se tentar entender o porquê, e buscar bons caminhos para dar fim àquela situação. Muitas vezes, como durante todo o período da escola, é preciso muita paciência, perseverança e dedicação, para cumprir todos os rituais necessários até a diplomação final.

Os Caminhos do Mago, através da ação correta, do sentimento amoroso e da meditação, trazem o fim do sofrimento. Medite sobre os rituais que realiza, em sua vida. Medite sobre os objetivos que pretende alcançar com a sua rotina.

39
A magia do sucesso

Quando o aprendiz de magia está conectado com a boa vontade de realizar o bem, de prestar verdadeiro serviço aos outros, e tem a disposição de cumprir todos os rituais necessários para realizar o que idealizou, com fé e trabalho, está trilhando os Caminhos do Mago, e as coisas verdadeiramente acontecem.

Muitas vezes, o mais difícil é conseguir a primeira oportunidade, porque cada trabalho abre uma nova porta. Por outro lado, algumas pessoas conseguem realizar algo e depois têm dificuldade de continuar. O sucesso é não parar. Sucesso tem a mesma raiz de sucessão, suceder, algo que se segue a algo. Ter sucesso é continuar.

Só fracassa quem desiste. E só tem sucesso quem batalha por ele e o merece.

Grandes artistas passam dificuldades por não conseguirem continuar suas carreiras. Em minha própria casa, minha mãe viveu grande sucesso e depois interrompeu a carreira de artista, quando casou e teve filhos. Este fenômeno acontece até com celebridades mundiais.

Para qualquer um, não apenas para os artistas, ter sucesso significa manter-se produtivo. Quem produz, presta serviço a alguém, contribui para a grande obra universal, e assim está conectado à força criativa, que move tudo que existe.

Quando escrevi minha primeira história para a TV, não era certo que o trabalho ia ser produzido, mas onde existe uma oportunidade, ainda que mínima, como me ensinou o meu mestre Maciel, o verdadeiro mago pode conseguir realizar a sua vontade.

A magia do sucesso acontece quando se tem fé de que um objetivo é possível de se realizar, e caminha-se, passo a passo, rumo à sua concretização. Os obstáculos que surgem vão sendo vencidos, um a um, até que a magia acontece.

A magia do sucesso acontece principalmente quando uma realização sucede a outra, numa continuação de serviços prestados, ao longo da vida.

Lembre-se que uma longa jornada é feita de pequenos passos, assim como a eternidade é feita de instantes.

Exemplos de sucesso, através da recuperação após fracassos, estão na história de todos os grandes empreendedores, assim como de todos os grandes artistas. Na verdade, aprende-se mais com os fracassos que com os sucessos.

Considere o que já realizou em sua vida e o que ainda tem vontade de realizar.

Pense no que gostaria de realizar com a magia do sucesso.

Medite sobre os passos que precisa dar para chegar à realização desejada.

40
A magia do bem

No jogo da vida, extremamente complexo e inteligente, cada criatura pode fazer a escolha de amar, ao que existe, a si mesmo e ao próximo, fazendo o bem a alguém, ou pode negar o que existe, não amar e ser egoísta. O amor demanda a verdade, de modo que a dedicação ao outro não deve acarretar em sofrimento para si mesmo. A magia do bem acontece quando nos dedicamos com verdadeiro prazer a servir alguém.

Pode-se escolher entre ser verdadeiro ou falso, bom ou mau, violento ou pacífico. Ser verdadeiro consigo mesmo faz que sejamos verdadeiros com todo mundo, como disse Shakespeare.

No jogo da vida, a escolha do amor, da verdade e do bem leva à felicidade, à alegria, ao paraíso na Terra. A escolha do ódio, da falsidade e do mal leva à amargura, à tristeza, à infelicidade, ao inferno na Terra. A magia do bem acontece quando nos movemos conscientemente pelo amor.

Na verdade, todo momento é mágico, ainda que alguns pareçam muito mais mágicos do que outros. O verdadeiro poder reside no aqui e no agora. Fora do instante, tudo é apenas projeção. Que agora se faça o que se deve fazer, sempre com amorosa consideração e respeito a si próprio e a todos os seres próximos, sem nunca faltar a verdade.

É preciso cuidar da limpeza da mente, do corpo e também da casa. Não há mente que consiga a iluminação sem a limpeza.

Não se deve deixar crescer o desejo que leva ao sofrimento. Sempre se deve cultivar e deixar florescer o amor, a alegria, o perdão e a gratidão.

O melhor da vida é a paz, é não querer atacar nem fazer o mal a ninguém. Para evoluir no Amor, para se aproximar do paraíso divino, que move os céus, e até para se defender de qualquer provação, o melhor é sempre vibrar amor e perdão. Não há mau olhado, energia ruim ou despacho que resista.

Todos, em diversos momentos da vida, temos que escolher entre o bem e o mal. A tentação do mal é real e constante e é preciso sempre recusá-la, sempre. Jesus, Sidarta e outros iluminados confrontaram e venceram seus demônios. A magia acontece quando os demônios são vencidos. A tentação do mal sempre vai existir. Recusá-la é preciso. A magia de escolher o bem e recusar o mal leva sempre a grande felicidade. Afaste quaisquer maus pensamentos. Vença seus demônios.

Quem presta bom serviço a alguém, está realizando a magia do bem. Por isso, deve-se procurar servir e fazer o bem a alguém, sempre que possível. Ser pontual, dedicado, focado, disciplinado, saber executar ordens e encomendas, dentro do prazo e do orçamento, faz parte da magia de servir. Ajudar a família, os amigos e a comunidade, isto é a magia do bem. Há muitas pessoas e causas que merecem e necessitam apoio.

Acredito que minha carreira de escritor seguiu magicamente porque, através das histórias, busquei promover o bem, passar boas energias, informações úteis e criar bom entretenimento. No pacto que fiz com o Ser, prometi contar histórias que possam ajudar as pessoas a transformarem suas vidas, e consequentemente o mundo, para melhor.

A magia de servir e fazer o bem é muito poderosa. Servir a alguém sempre traz retorno a quem presta o serviço, mesmo que o retorno não seja imediato, até mesmo em casos de ingratidão. A magia de fazer o bem traz felicidade duradoura.

Se você não sabe o que quer fazer, pense em qual o melhor serviço que pode prestar, como e onde você pode usar melhor o seu dom, para cuidar de alguém. Pode ser cuidar de bichos, de plantas, de lugares, de gente, o que importa é servir. Tem muita gente que precisa de ajuda neste mundo. Para ser amado, basta amar. Sirva. O Caminho do Mago é fazer o bem. O efeito será benéfico para você mesmo. Quanto mais se doar, mais retorno terá. É mágico assim.

Uma das formas mais sublimes de fazer o bem é praticar a caridade. A caridade é uma das experiências mais mágicas que se pode ter, dar sem esperar receber nada em troca, e, no entanto, a caridade traz grande felicidade a quem a pratica. Desde os tempos de criança, deve-se aprender a misericórdia pelos que enfrentam dificuldades. O santo Francisco de

Assis aprofundou grandemente essa noção de compartilhar, de dividir, de dar a quem precisa. Não se pode deixar casacos no armário, quando há pessoas com frio. Se a comida está sobrando, é melhor dar a quem precisa do que deixar estragar e jogar fora. Parece óbvio, mas nem sempre o óbvio acontece. O egoísmo, a falta de generosidade, o apego e a preguiça nunca são bons caminhos, e é preciso estar sempre alerta, porque são manifestações malignas, contra a qual deve-se precaver.

Poucas coisas nos fazem sentir melhor do que ajudar a quem precisa. É mágico, porque é uma das mais belas formas do amor. O resultado da magia da caridade é felicidade e conforto, tanto para quem a pratica como para quem a recebe.

Quem chegou até aqui, nos caminhos do mago, deve doar seu sangue, voluntariar-se para servir, usar seu tempo para ajudar alguém, trabalhar em algo útil, cuidar de bichos e plantas, de preferência tudo isso e ainda mais, sempre que possível.

A magia da caridade acontece sempre que alguém dedica parte do seu tempo para ajudar a quem precisa. Nem sempre se trata apenas de comida. Tem muita gente carente de afeto, informação ou oportunidade. Quem já visitou um orfanato, sabe que é uma das experiências mais emocionantes da vida.

"*Verdadeiramente, Deus é piedoso, e ama quem é piedoso. Deus dá aos que fazem caridade o que não dá aos egoístas*", escreveu Maomé.

Seja sempre otimista. Você tem o poder de mudar o mundo para melhor. Vamos sonhar juntos um mundo em que todas as pessoas escolhem transformar suas próprias vidas em histórias de amor, serviço e dedicação a outros seres, a cada novo instante, a cada novo dia.

Medite agora como você pode mudar sua vida para melhor. Considere o que ama agora. Saiba que o amor a si mesmo cresce na medida que cresce o seu amor ao próximo.

Medite sobre como pode servir e fazer o bem, em sua vida.

41
A magia das provações

Mesmo nas provações mais difíceis, é possível encontrar um lado bom, ainda que nem sempre seja fácil.

As provações mais difíceis da vida são dor, doença, velhice e morte, mas nelas também pode-se encontrar um lado positivo.

Ninguém passa por este mundo sem viver provações, e acredito que elas existam para nossa evolução espiritual.

A dor ajuda a conhecer os limites, mesmo que seja para tentar superá-los.

Sem a doença, não daríamos tanto valor à saúde, e muito crescimento espiritual pode advir dela.

Quem chegou à velhice é porque soube viver até lá.

A morte é necessária para o renascimento de todas as coisas e seres que existem no mundo. A morte tem seu aspecto positivo, porque depois dela haverá outra vida. E assim como os nossos queridos se vão, um dia iremos também. O reencontro é possível, principalmente para quem tem fé, e isto é muito bom.

Mesmo quem tiver amor, fizer o bem e praticar a verdade conhecerá provações, na vida. Relato experiência pessoal, uma das mais difíceis provações pela qual passei, para poder falar sobre a magia das provações.

Num passeio de lancha com amigos, em Angra dos Reis, num domingo de folga, tudo parecia maravilhoso, um dia perfeito, o céu azul sem nuvens, o mar cristalino, quando o motor da lancha explodiu bem debaixo de mim. Voei para cima com o impacto da explosão e caí bem ao lado do motor em chamas. Ao meu lado esquerdo, uma imagem do inferno. Ao meu lado direito, o mar límpido e azul de Angra, como uma imagem do paraíso. Eu tinha que escolher, e não podia ser mais óbvio: queria o Paraíso, jamais o

Inferno. Mergulhei na água cristalina e gelada, com imenso prazer, achando aquilo tudo muito louco. Nadei para longe da lancha, com medo do tanque de gasolina explodir, como nos filmes, e então vi um dos meus amigos, perto de mim, com cara de explodido, o cabelo e as sobrancelhas queimadas. E pensei: "se ele está assim, como estarei eu?" Foi apenas nesta hora que senti a dor. Olhei para meus braços. Estava todo queimado, em carne viva. Foi um momento de horror. Já tinha feito curso de primeiros socorros, e sabia que pessoas com mais de cinquenta por cento de queimaduras no corpo raramente sobrevivem, pelo menos era assim naquela época. Quando subi ao cais, as pessoas me olhavam, apavoradas. Mais ao longe, a lancha parecia um enorme maçarico aceso, contra o horizonte muito azul. No banheiro, perto do cais, eu me olhei no espelho, e tive muito medo de morrer. Estava em estado lastimável, todo queimado. Em choque, aguardei a chegada da ambulância que nos levou ao hospital. Lavaram e desinfetaram meus ferimentos, e foi uma das maiores dores que senti em minha vida. Os médicos disseram que eu não ia morrer, porque estava apenas com quinze por cento do corpo queimado. Meu medo seguinte foi ficar com a pele deformada. Tive a sorte de ser levado para cirurgião plástico excelente, que me aplicou uma anestesia geral e me colocou uma pele sintética, o que havia de mais moderno, naquela época. Durante a anestesia, tive uma viagem espiritual profunda. Via anjos que cuidavam de mim, e eles me levaram ao Trono da Glória, à fonte de luz criadora de tudo que existe. Estava na presença de Deus, e ali renovei minha missão de espalhar Amor, através de minha história de vida. De repente, os anjos se tornaram enfermeiros, e eu acordei sem dor, no hospital, mas com muita sede. A pele sintética cicatrizou, sem marcas. Percebi a fragilidade da vida. Dei mais importância que nunca à escolha entre o bem e o mal. Tive arrependimento por todo ato de desamor. O sentimento de estar em frente ao Ser Criador e seus anjos me marcou para o resto da vida. Tenho eterna gratidão por ter recebido a graça de me curar sem dores e especialmente pela oportunidade de aprender e renovar meu pacto, sempre, pelo Amor. Agradeço à vida pela experiência transformadora. Se eu tivesse que passar por tudo de novo, por toda aquela dor, eu passaria. Tive muitas outras provações na vida, e sei que terei outras, mas a todas devemos acolher com gratidão e amor. Nas provações, temos a oportunidade de aprender e evoluir mais. É preciso ver o lado bom de tudo e vibrar amor, mesmo diante das provações.

O Buda, o Cristo, Maomé, os santos, os avatares, os grandes profetas, todos eles, assim como todos nós, em nossas vidas terrenas, enfrentaram dor, doenças, necessidades, testes e obstáculos. Jesus e os Budas, os avatares iluminados, presenças sagradas em nosso planeta, lutaram com seus demônios e os venceram.

Por que o mundo é assim? Por que o Ser impõe a suas criaturas neste planeta tantas provações, como a perda, a dor, a violência e tantos outros males? Isso acontece, no jogo profundamente inteligente da vida eterna, para que os espíritos consigam evoluir.

A magia das provações é que sempre podemos evoluir, através delas. Por isto, este é um mundo em que surgem provações em meio às grandes alegrias da vida. No mundo, há muito mais prazer do que dor. Depois de passar por qualquer provação, pense que estará ainda mais forte, iluminado, abençoado e feliz, por ter o amor como escudo e o amor como caminho. Agradecer pelas provações, refletir e agir para as soluções necessárias, tudo isso realiza a magia de nos tornarmos pessoas melhores, mais sábias, prósperas, felizes, amorosas e merecedoras de amor.

42
A magia de Paulo Coelho

Escrevo este capítulo como carta aberta ao Paulo Coelho:

Paulo, querido Mestre,

Estimo que esteja bem, no conforto do espírito de luz que você é. Ao ver meu filho e toda sua geração tão interessados na magia de *Harry Potter*, fiquei com vontade de contar a ele, e a quem mais ler este livro, a minha busca pela magia verdadeira e pela iluminação espiritual. Você faz parte desta história, por ter sido também meu mestre, e tenho imensa gratidão por isso.

Eu adorava as suas letras de músicas e tinha lido com fascinação seu primeiro livro de sucesso, *Diário de Um Mago*, que narrava sua história no Caminho de Santiago, quando fiquei encantado para sempre por *O Alquimista*, pleno de pérolas de poesia e sabedoria, em uma linguagem simples e clara, a motivar cada um a acreditar em si mesmo, conectar o coração à alma do mundo, em busca da lenda pessoal, do próprio caminho, através das escolhas, sempre a melhorar, entender a linguagem dos sinais, no momento presente, saber o que se quer e agir para realizar o sonho, que é o que torna a vida interessante. Gratidão para sempre por essa joia que cativou minha alma. *O Alquimista* me falou de tal forma ao coração que era como se eu fosse o Santiago, do livro, ele mesmo, a viver a minha lenda pessoal, em busca do meu tesouro, que estava ali, ao meu lado. É assim com os mais lindos livros. A jornada do herói se torna também a nossa jornada. Perdi a conta de quantas vezes reli *O Alquimista*.

Imaginem então a surpresa feliz de um jovem aprendiz de magia ao se ver contratado para adaptar o seu livro *Brida*, a história da jovem feiticeira irlandesa, em 1992. Quero compartilhar agora, com meu filho e com o mundo, como foi o nosso encontro. Lembro da minha felicidade quando você aprovou a adaptação que fiz do seu livro. Lembro da oração que fizemos juntos antes da estreia do espetáculo lindo, dirigido pelo meu guru Luiz Carlos Maciel, sobre a fascinante história de amor e magia que você escreveu. Lembro de você, Paulo, sentado nas coxias, a orar por nós, e como era mágico presenciar sua fé. Foram tantas coisas que aprendi com Brida: a magia da Outra Parte, do amor que devemos buscar, o amor que nos completa e nos faz plenos; a magia do Sol, da experiência, dos sinais; e a magia da Lua, da tradição, dos rituais conservados através dos séculos. Lembro da cena inesquecível em que Brida relembra uma vida passada, no castelo cátaro.

No dia em que fui ao seu lindo apartamento térreo, em Copacabana, querido Paulo, numa de suas festas de São José, para celebrar o santo trabalhador, lembro como você falou tão lindamente a todos os convidados, sobre a importância do trabalho e de quem está a trabalhar conosco. Sorrio quando penso na minha leve embriaguez, quando você me levou à porta, e eu lhe disse que tudo que você tinha escrito até então era parte de minha lenda pessoal. É tão bom recordar disso tudo hoje, com muita felicidade.

Noutro dia abençoado, fui a seu lindo apartamento novo, na Avenida Atlântica, com aquela bela vista de uma das orlas mais bonitas do mundo, Copacabana, e amei vê-lo a trabalhar em seu computador, de frente para a luz imensa daquele lugar. Amei também ver sua enxuta biblioteca, com poucos livros muito especiais, sobre mitos e sabedorias ancestrais, em especial sobre a sabedoria sufi. Por causa do seu interesse pelo sufismo, o misticismo islâmico, pesquisei suas histórias, a respiração a nos conectar com Deus, para adquirir a plena consciência de que cada momento é sagrado. Nada somos além do que somos agora, e ao mesmo tempo somos parte sempre renovada de tudo. Somos como raios que emanamos da origem divina e seguimos pela eternidade, almas em constante evolução.

Para a sempre querida Christina, meu beijo com carinho, e a lembrança de que levo comigo, enquanto viver, um belo trabalho de sua arte, um seio de bronze a flutuar pela magia de um fio invisível, perfeita metáfora do mundo da matéria a existir magicamente no universo etéreo. Paulo querido, faz tempo que não nos vemos, mas suas palavras me acompanham onde vou. Tenho a alegria de encontrar seus livros em todas as livrarias e bibliotecas onde entro, e são muitas pelo mundo afora. Leio sempre seus livros, e encontro neles beleza e sabedoria. Obrigado, Paulo, por existir em minha vida, e ter me ensinado tanto. Peço sua bênção, sempre. Com Amor, Tiago.

43

A magia do espiritismo

O talentoso ator Carlos Vereza fazia o espetáculo *Brida* comigo. Foi ele quem me levou ao Lar de Frei Luiz, o maior centro espírita do Rio de Janeiro. É um lugar muito bonito, que transmite paz e espiritualidade a quem o visita. Lá se realizam cirurgias espirituais, para curar doenças. Eu andava aflito por causa de uma dor no esôfago. Era difícil engolir qualquer alimento. Estava em cartaz com a peça *Brida*, e não queria fazer endoscopia. Vereza disse que eu ia me curar, através de uma operação espiritual. Eu tinha fé que isso podia acontecer, porque a energia realmente comanda a matéria.

Logo que cheguei, senti uma paz muito grande. Eu e outras pessoas assistimos a uma palestra sobre o espiritismo. Depois nos colocaram batas e nos levaram para uma sala grande, em que havia várias macas, onde nos deitamos. Havia música clássica, em baixo volume. A luz era azul, meio violeta, muito suave. Pediram para que eu ficasse de olhos fechados, mas não resisti e entreabri levemente os olhos. O espírito de um médico alemão, incorporado no famoso médium Gilberto Arruda, veio para curar os enfermos. O médium se aproximava das macas e passava suas mãos sobre os corpos deitados, sem tocá-los. Quando ele veio na minha direção, fechei os olhos de novo. Senti a presença do médium. Mesmo sem ser tocado diretamente, podia sentir o calor de suas mãos, que percorreram todo o meu corpo e pararam bem sobre o local onde eu sentia dor ao engolir, no esôfago, pouco abaixo do pescoço. Ali suas mãos demoraram um pouco, antes de se afastar.

Saí da sala, e havia uma mancha avermelhada sobre a bata branca, que eu estava usando, bem na direção do local onde sentia a dor. Fomos jantar, quando saímos dali, e a dor tinha desaparecido. A cirurgia espiritual funcionou. Eu estava com essa dor há mais de um mês. Para mim, foi um pequeno milagre. Nunca mais tive dor no esôfago.

Na época, não sabia muito sobre o espiritismo. Sabia que havia pessoas da família do meu avô que eram espíritas. Sabia da importância que davam ao amor e à caridade. Sabia da crença nas reencarnações. Sabia da manifestação dos espíritos, através de sua incorporação em médiuns. Mas isso era na verdade tudo que sabia.

Anos depois, por sugestão do amigo Wolf Maya, eu me interessei em ler a obra de Kardec, em especial *O Evangelho Segundo o Espiritismo* e *O Livro dos Espíritos*. Apesar do autor ser francês, sua doutrina ainda muito recente, de pouco mais de cento e cinquenta anos, ganhou mais força no Brasil do que em qualquer outro lugar do mundo.

O Evangelho Segundo o Espiritismo me apresentou uma visão de mundo coerente e lógica, que utilizava passagens da vida de Jesus para a compreensão de diversas questões essenciais, com aplicações práticas, nas vidas.

Em 1864, Allan Kardec já escrevia neste livro sobre a aliança entre ciência e religião, a nova era, a existência do mundo espiritual, os diferentes mundos ou dimensões, a Terra como mundo de provações, a questão das reencarnações, a evolução através de sucessivas vidas, as causas dos sofrimentos, como lidar com a perda de pessoas amadas, a leveza, a consolação, os mistérios, as missões, a pureza, a mansidão, a misericórdia, a lei do amor, a caridade, a busca da perfeição, o poder da oração, a realização dos objetivos, entre outros temas que me tocavam de perto o coração.

Muita gente torce o nariz para o espiritismo por desconfiar de possíveis embusteiros, que apenas pretendem incorporar os espíritos de pessoas falecidas, para agradar aqueles que perderam seus entes queridos. Porém, já há muitos relatos de milagres, que não podem ser explicados pela ciência.

Pode ser que haja fraude, em alguns casos, mas a obra de Kardec e o espiritismo são muito maiores que as eventuais mentiras e charlatanismo de falsos médiuns que abusam da fé dos outros. Kardec produziu a melhor explicação em livro sobre o porquê dos males na Terra. Quando se entende a morte como passagem entre vidas, quando a fé se fortalece, tudo fica mais fácil, de verdade.

Há quem acredite que as revelações espirituais desde o século XIX simbolizam a segunda vinda de Jesus. É possível. Eu creio.

Medite sobre seu espírito e sua fé.

44
A magia de Wicca

Brida me fez estudar mais sobre a magia de Wicca. Na peça, a feiticeira mestra, que ensinava as tradições à sua jovem aluna, era vivida por Itala Nandi, que desde então se tornou minha mágica amiga.

Ícone do Teatro desde a década de 60, no Teatro Oficina, Itala também sempre foi apaixonada por magia. Lembro que ela fez um ritual no antigo Cebolão, deserto e abandonado, na Barra da Tijuca, desejando que ali crescesse um Centro Cultural, e pouco depois, foi construída ali a gigantesca Cidade das Artes. Tamanho é o poder de Itala.

Wicca, também conhecida como feitiçaria ou bruxaria, é magia cerimonial. Seus rituais usam símbolos e elementos da natureza, como pedras e flores. Como durante muito tempo, todas essas práticas eram proibidas, e não se podia falar sobre elas, sob pena de parar na fogueira, há poucos registros históricos antigos, sendo que os primeiros datam do século XX.

No entanto, acredito que as tradições permaneceram vivas, principalmente no Reino Unido, passando de geração em geração, desde o tempo dos druidas, como reza a lenda, e não é à toa que lá apareceram magos reais que deram o que falar no século XX.

As tradições de magia, passadas oralmente ou por exemplo, em rituais, de geração em geração, existem em diversas culturas. Muitos pensam que são superstições, mas os rituais de magia têm na verdade efeito simbólico sobre a mente e influenciam com sua energia o Universo.

Em qualquer ritual de magia cerimonial, há um objetivo. Ter um objetivo claro, saber focar nele, é o primeiro passo para qualquer realização. Quando a vontade se torna consciente e ativa, a concretização se torna possível. Os rituais mágicos, realizados com um objetivo ou propósito, já tem este primeiro argumento a seu favor: eles dão objetividade ao que se deseja, clareza, foco e também tempo para pensar sobre como conseguir, abrir caminhos, ao invocar o auxílio espiritual, mágico, para a realização desejada.

Muito antes de conhecer Wicca, eu já amava flores e pedras. Já pensava, desde criança, que tanto flores como pedras têm suas energias, que podem ser conhecidas e utilizadas.

Aqui vai uma lista simples de propriedades mágicas de algumas plantas e flores. É uma pequena lista básica, de algumas plantas pelas quais tenho predileção, mas para quem se interessar, há aqui um universo a ser pesquisado. Plantas e flores têm mesmo grandes poderes medicinais e espirituais.

Absinto é mágico para criatividade e inspiração.
Açafrão tem poder de cura e é afrodisíaco.
Alamanda enfeita com alegria e atrai prosperidade.
Alecrim é muito bom para a limpeza espiritual.
Amor-perfeito é perfeição para amor e trabalho.
Alfazema é perfume de felicidade.
Arruda traz proteção espiritual e cura.
Azaléa gera amor e harmonia.
Bromélia é útil para a clarividência.
Calêndula proporciona a saúde da pele.
Camélia é planta de virtude e beleza.
Camomila é mágica para a calma, paz, meditação e bons sonhos.
Gerânio carrega proteção e fortalecimento.
Girassol dá prosperidade e fertilidade.
Hibisco é afrodisíaco.
Hortênsia celebra amor e família.
Jasmim vibra com pureza e delicadeza.
Lantana produz harmonia.
Lírio cria pureza e proteção.
Louro realiza cura e inspiração.
Lótus manifesta iluminação espiritual.
Manjericão é planta de mágica saúde.
Margarida enfeita com pureza, sensibilidade e bondade.
Miosótis fala do amor verdadeiro.
Narciso lembra o amor próprio.

Orquídea simboliza conexão com a alma profunda, o eu superior.
Papoula é de sonho, sono e prazer.
Rosa emana harmonia, amor e paixão.
Sempreviva mostra longevidade e regeneração.
Tulipa traz harmonia e paixão.
Violeta cria perdão e cura.

Ter flores em casa e cuidar delas já é em si um ato mágico que cria beleza. Porém, para quem deseja ir mais além e fazer rituais de magia com flores, é primeiro necessário estudar com profundidade, porque às vezes apenas uma parte das plantas deve ser usada, enquanto outras podem enlouquecer ou ser mesmo venenosas. Às vezes, as sementes matam, as flores enlouquecem e as raízes curam. Ou vice versa. Existe cura para tudo, na natureza, e há muito a estudar sobre saúde, a partir da alimentação, com o correto uso de ervas, flores e frutas.

Agora, sobre algumas das minhas pedras favoritas, também quero falar. Lembro que minha paixão pelas pedras começou cedo, ainda criança, quando ganhei algumas delas de presente:

Ágata é maravilha para sorte, equilíbrio e amizade.
Água marinha atrai saúde, clareza e paz interior.
Ametista tem o poder da intuição, do sonho e da vidência. Sou particularmente fã da ametista, com seu potencial para a inspiração.
Citrino traz prosperidade e evolução.
Cristal maravilha com a cura, o poder e a harmonia.
Granada gera energia e coragem. Também ativa os poderes de sedução.
Hematita fortalece o amor próprio.
Jaspe gera otimismo e autoconfiança.
Obsidiana é milagrosa para a cura espiritual.
Olho de tigre carrega a proteção contra inveja.
Ônix é pedra de poder e vitória.
Opala cria consciência e conexão com forças superiores.
Pedra da lua magicamente provoca clarividência, intuição e equilíbrio.
Pirita é ideal para prosperidade, riqueza e controle emocional.
Quartzo rosa vibra amor, paz e alegria.
Quartzo verde atrai saúde.

Rubi tem a energia para sabedoria e sucesso.

Safira ajuda na evolução e sabedoria.

Topázio traz foco na fartura e na prosperidade.

Turmalina é boa para proteção, cura espiritual, e aumenta a energia vital.

Tudo isso é muito interessante, porque o símbolo conecta a mente com a energia desejada.

Os aspectos feminino e masculino do Ser, assim como a presença do mesmo nos elementos da Natureza, também são constantes nas magias de Wicca.

Outro ponto muito interessante é a magia das cores. Diferentes cores podem induzir a diferentes estados do ser.

O branco é a cor da paz e da união.

O negro serve para a proteção, a guarda.

O cinza é para a neutralidade.

O vermelho pode ser da paixão, do amor ou de raiva.

O laranja é para renovação.

O amarelo é da alegria, do encontro e da prosperidade.

O verde cria equilíbrio e harmonia.

O violeta manifesta calma, comunicação e inspiração.

O azul é para a profundidade.

Há muito para refletir, na magia das cores.

Para todas as magias que utilizam coisas naturais, como cores, plantas e pedras, o importante é o foco no que se deseja realizar e a fé na realização, com inspiração para encontrar caminhos para suplantar obstáculos. Pedras, plantas e cores são como símbolos, talismãs, que nos ajudam a concentrar e focar na energia e na manifestação mágica que queremos atrair para nossas vidas.

45

Mais estudos sobre a magia

A Grã-Bretanha é uma ilha onde ficam Inglaterra, Escócia e País de Gales. Junto com a Irlanda, essas ilhas guardaram tradições de magia ritual, através dos séculos, mesmo na época em que a Inquisição mandava as bruxas para arder nas fogueiras. Apenas no começo do século XX, as práticas mágicas deixaram de ser perseguidas como crime. Foi então que vários magos começaram a aparecer na ilha e escrever livros, alguns deles muito polêmicos.

O mais famoso entre todos esses magos foi o Aleister Crowley. Ficou conhecido como a Besta. Corre a lenda que sua mãe o chamava já de besta, e ele se identificou. Os pais devem ter cuidado com a forma como chamam seus filhos, para que não se identifiquem com nada mau, egoísta ou burro, sem consideração com o amor ao próximo ou ao amor a tudo que É.

Como se trata de livro de magia, torna-se necessário explicar certas coisas, para chamar a atenção sobre os perigos da má utilização. Crowley quis reformular a Lei. Para Jesus, a Lei é "*amar a Deus sobre todas as coisas, e ao próximo como a si mesmo*", e este novo mandamento resume os dez mandamentos do Antigo Testamento. Sigo esta lei em minha vida, com grande felicidade. A nova Lei, proposta pelo mago inglês, considerada por muitos como perversa, afirma: "*Faze o que tu queres, pois é tudo da lei. O amor é a lei, o amor sob a vontade.*"

No Brasil, estas palavras ecoaram na música *Viva a Sociedade Alternativa,* do Paulo Coelho e do Raul Seixas. Paulo Coelho conta como renegou esta música e toda a má influência de uma filosofia egoísta, que pensa na realização da própria vontade, sem consideração com o próximo. Lembro da descrição do Paulo, em seu livro *As Valkirias*, ao se dar conta da realidade da existência do Mal, e de como ele se afastou definitivamente de qualquer culto que pudesse ser associado ao Mal. Lembro também como ele atribuiu muitas coisas difíceis que aconteceram em sua vida nessa época a essas vibrações ruins.

O número 666 foi popularizado por Crowley, que o identificou consigo próprio, como a marca da Besta. Na verdade, é um número conhecido muito antes de Crowley, desde Pitágoras, por suas propriedades numéricas. 666 é a soma de todos os números, de 1 a 36, num quadrado mágico perfeito, o "Selo do Sol", de seis linhas e seis colunas.

6	*32*	*3*	*34*	*35*	*1*
7	*11*	*27*	*28*	*8*	*30*
19	*14*	*16*	*15*	*23*	*24*
18	*20*	*22*	*21*	*17*	*13*
25	*29*	*10*	*9*	*26*	*12*
36	*5*	*33*	*4*	*2*	*31*

Este quadrado é chamado de mágico, desde o tempo dos antigos babilônios, porque a soma de qualquer linha, em qualquer direção, é sempre 111, e desde aquela época este quadrado foi considerado como demonstração da inteligência matemática da criação.

Os astrólogos babilônios chamavam este quadrado de "Selo do Sol", porque as voltas do sol, ou seja, os anos eram divididos em trinta e seis constelações de dez dias cada uma. Reza a lenda que os astrólogos carregavam sempre consigo o "Selo do Sol", em forma de amuleto, e isso os ajudava a fazer suas previsões.

O número 666 tem outras propriedades mágicas. É a soma dos quadrados dos primeiros sete números primos. E ainda é a soma dos primeiros 144 dígitos do mágico número Pi, sendo que 144 é o quadrado de 12.

Crowley teve a ideia de usar o número mágico como seu próprio símbolo. Hoje em dia, ao ver o número 666, muita gente nem pensa em geometria sagrada, matemática mágica, Crowley, e nem sequer sonha com toda essa história, mas pensa no diabo.

Quando estudei Crowley, por interesse pela magia, e também por saber que Paulo Coelho tinha passado por essa experiência, senti um medo aterrador, e parei imediatamente, porque não queria me aprofundar em nada associado a satanismo. O fascínio que o diabo exerce sobre muita gente é assustador. Charles Manson e outros psicopatas se inspiraram na Besta para cometer seus crimes. Resistir ao mal, a tudo que não for amor, recusar qualquer pacto diabólico, vencer as tentações, tudo isso é necessário, no caminho da boa magia, que leva à iluminação.

Medite sobre como afastar o mal de sua vida, como separar o joio do trigo, identificar o que é bom e faz bem, e recusar o que é mau e faz o mal.

46
A magia das escolhas

Pequenas decisões têm grandes consequências.

O Ser é tão inteligente que todas as criaturas são obrigadas a fazer escolhas. Pode chamar de Deus ou de Natureza. Resolvi chamar de Ser, com todo o amor que lhe tenho, porque o Ser é objeto de investigação da filosofia há muito tempo, e não é preciso provar que o Ser existe.

Somos obrigados a escolher, e cada escolha traz suas consequências. São como chaves, códigos que comandamos, que geram resultados, como em qualquer programação de jogo. Nossas vidas são jogos de causa e efeito, ação e reação, decisão e consequência.

Nossas escolhas têm impacto sobre o Ser e afetam nossos relacionamentos. Somos também impactados por escolhas dos outros. Mas o que importa mesmo é como reagimos ao que nos atinge, aos obstáculos, às dificuldades, aos questionamentos e provações. As nossas escolhas decidem o futuro, independentemente das escolhas dos outros. Cada homem e cada mulher é uma alma de luz própria.

Recentemente, vi uma chave tatuada numa amiga, Dani Luque, e perguntei o que significava aquela chave para ela. Dani me respondeu que a chave é um símbolo forte de que portas abrimos e que portas decidimos fechar.

Cabe a nós escolher, constantemente, se vamos ou não por uma porta, e se estamos ou não decididos a encerrar uma fase, fechar uma porta. Muitas vezes precisamos fechar portas, aceitar que algo ou alguém se foi. Não podemos viver no passado, apenas no presente. Então é no que fazemos agora, é onde estamos agora, que devemos focar. Nossas escolhas atraem os próximos eventos de nossas vidas. Se há sofrimento, o mago deve entender de onde ele vem, e buscar o melhor modo de se livrar dele.

Meus primeiros trabalhos foram telenovelas místicas, sobre a luta entre o Bem e o Mal, *Vamp* e *Olho no Olho*, com o grande autor Antonio Calmon. Quase tudo que escrevi envolvia magia, naturalmente porque atraía isso, com toda a minha energia. Minha missão seguinte foi um programa sensacional, no qual trabalhei muitos anos, e marcou profundamente a minha vida. A audiência escolhia o final, entre duas possibilidades. O bordão do programa se transformou em dito popular que sobrevive até hoje, no Brasil:

– O final, você decide!

O imortal poeta e roteirista Geraldo Carneiro escolheu me acolher em sua equipe, e isso mudou minha vida. Mais uma vez, encontrei um grande mestre, entre os muitos que tive. Admirava muito o Geraldo, não apenas por seus versos mágicos, mas também pelo afeto abundante, as ideias extraordinárias, o caráter sem falhas, a inteligência evidentemente muito acima do comum, a cultura vastíssima e o humor sempre presente. Geraldo foi um amigo querido, com quem tive a extrema alegria de conviver, e teve influência positivamente mágica em minha vida. Com a supervisão dele, escrevia um telefilme por mês, em que a personagem principal enfrentava um dilema ético, ficava na dúvida sobre o que fazer, e o público decidia qual era o final. Foi uma experiência rara e maravilhosa na TV, que fez sucesso durante muitos anos. Escrevi mais de cinquenta telefilmes e substituí o Geraldo, no comando dos roteiros, no programa, e isso me ensinou ainda mais sobre a magia das escolhas.

A verdade é que, a cada momento da vida, somos obrigados a escolher, e isto mostra a grande inteligência do Ser. Às vezes, acho espantoso que alguém pense que tudo é fruto do acaso, mesmo com a tamanha complexidade de tudo que existe, mas o Universo é tão inteligente que cada um é livre para acreditar naquilo que quiser, e o Ser é definido por como cada um acredita que seja.

Nossas crenças determinam nossa realidade. Escolher verdade, amor, perdão e gratidão é sempre excelente. Medite sobre as suas escolhas passadas, presentes e futuras.

47
A magia dos sentidos interiores

Em Mirantão, Minas Gerais, perto da fronteira do Estado do Rio de Janeiro, no alto da montanha, o azul brilha forte sobre o verde da serra. A vista se perde no horizonte, sobre os vales lá embaixo. É como estar no alto de tudo, no topo da montanha, cercado de florestas, num lugar em tudo mágico, como todos em que se encontra a natureza muito preservada. É o tipo de lugar que atrai os místicos, os poetas, os artistas, os escritores, os pintores, os magos de todos os tipos e gêneros. Por um lado, há o povo da terra, muito simples, que vive de pequenos serviços ou da lavoura de subsistência. Por outro lado, há esse povo meio hippie, alternativo ou intelectual, que invadiu também as vizinhas Visconde de Mauá e Maringá. Em Mirantão, conheci um pessoal muito interessante, pintores, poetas, e novos amigos que me convidaram para as palestras do guru indiano Maharaji, que aconteciam no Rio.

As palestras de Maharaji tinham ótimas vibrações. Era evidente a sabedoria do guru, simples, sobre a comunicação com o eu profundo, superior, a alma do mundo e a transcendência. Maharaji nasceu filho de guru, descendente e herdeiro de toda uma tradição de longa linhagem de amor incondicional a Deus, ao que é, e busca de conexão com o amor divino, a satisfação, a paz interior, através do conhecimento, das técnicas de meditação, da experiência própria. Lembro de palestra especialmente bonita, que falava da árvore que já existe na semente, do velho que já existe no bebê, e de como tudo está conectado. De tudo que aprendi ali, nas palestras do Maharaji, o mais importante que guardei foram os sentidos interiores.

Temos sentidos exteriores – visão, audição, tato, olfato e paladar – e temos também os sentidos interiores.

Temos visão interior. Cada um tem sua própria tela interior, onde pode visualizar, relembrar ou imaginar coisas. Conectar-se com aquilo que se vê, por dentro, é o caminho para a transcendência.

Desenvolva sua visão interior, entendendo que cada ser cria a própria vida, com o que atrai, através de suas vibrações, sentidos interiores e escolhas.

A visão interior é mais poderosa que a visão dos olhos. Focar com a visão interior no bem, no amor, na realização desejada é ato mágico de grande poder. Evitar a visão do que não se deseja, para concentrar-se no resultado desejado, é magia poderosa. Quando alguma surpresa ou qualquer resultado inesperado surgir, sempre será para nossa evolução.

Temos uma voz interior. Ouvimos vozes, pensamos. O pensamento é uma constante voz interior. Escutar a voz interior, entender o que ela diz, entregar-se à profunda meditação sobre aquilo, resistir as tentações egoístas, buscar a melhor sugestão, estes também são os Caminhos do Mago. Cada estrela deve ser luz e amor para todos seus semelhantes. Muitas vezes, não é apenas uma voz interior. São vozes. São influências. Sempre escutei muitas vozes, e as transformei em meus personagens. Na vida, quando as más influências, as tentações do mal aparecem, é preciso resistir e afastar qualquer voz do mal, dizer não a elas.

Desenvolva a visão interior e o hábito de escutar a voz interior. A verdadeira realidade é a espiritual, e não a material.

Sobre a voz interior, é preciso dizer que às vezes há diferentes influências, e nem sempre há clareza na decisão a tomar. Às vezes, vozes conflitantes se debatem dentro de nós. A dúvida é um dos estados mais difíceis em que se pode encontrar o ser humano. Na dúvida, é sempre bom optar pelo caminho amoroso, em que se pode fazer o bem a alguém, sem deixar de lado a aceitação da verdade e a necessidade do amor próprio. O caminho do amor verdadeiro está sempre certo, e será recompensado. Muitas vezes, na dúvida, é bom pensar: qual seria o caminho do meio?

Temos um tato interior, e se chama sentimento. Preste atenção ao que lhe diz seu coração. Qual é a emoção que se sente ao seguir por um caminho? Muitas vezes, experimentei caminhos, até mesmo recentemente, já na maturidade, que decidi não continuar, porque não eram o que eu realmente queria fazer. É preciso ter especialmente cuidado com os caminhos que levam a sofrimento. Para que insistir em caminhos que levam a dor, a menos que seja um atleta a superar seus limites? Com a exceção dos que se esforçam para realizar algo, por exemplo, a mãe que dá a luz a seu filho ou o artista que luta para fazer nascer sua obra, o melhor é se afastar sempre dos caminhos da dor. E quando algo nos desperta mau sentimento, é possível perceber como transmutar o mau em bom, a partir do momento presente.

A respiração é um sentido ao mesmo tempo exterior e interior. A cada instante, a respiração pode se tornar mais fácil ou difícil, acelerada ou emocionada. Meditar sobre a própria respiração, perceber quando se altera, controlá-la, tudo isso é ganhar consciência e poder sobre o que está acontecendo no momento. O uso mágico da respiração correta pode trazer a paz interior, mesmo nos momentos de maior provação. Em nome do humor, lembro da filosofia do mergulhador: se está respirando, está tudo bem.

O que é o gosto interior? É a intuição. Se queremos algo ou alguém ou não, tudo isso vem na forma de um gosto interno, como uma espécie de presságio ou aviso, se devemos nos aproximar ou nos afastar, se devemos ir ou não, fazer ou não.

Escutar a própria intuição, mesmo quando não se entende o porquê, é uma forma avançada de conhecimento, porque é colocar fé na conexão com o eu superior, com o Ser dentro de si.

A intuição é um saber, é uma espécie de clarividência, um sentimento, um gosto interior, um aviso ou alerta sobre algo, para o bem ou para o mal, antes de acontecer, normalmente um divisor de águas.

Ao subir a serra de Juiz de Fora para dar um curso para atores, pensei: "Vou conhecer a mãe do meu filho". Como é que eu podia saber? O fato é que aconteceu. A intuição é capaz de maravilhas. Na noite em que fiz meu filho, eu sabia que tinha acontecido. A intuição é uma das coisas mais mágicas do universo. Também por intuição, mesmo antes que nascesse, já sabia que meu filho ia nascer com muito da minha cara, mas com os olhos da Ligia. E assim foi.

A intuição está intimamente ligada aos sentidos interiores. Às vezes, um desejo egoísta, sem consideração pelos outros, pode aparecer, na voz interior, como se fosse uma intuição. A verdadeira intuição nos fala dos outros, de coisas e pessoas que estão fora de nós, e não de nós mesmos.

Na dúvida, quando há medo, deve-se considerar se o risco vale a pena. O medo às vezes aparece, porque é difícil mudar, evoluir, mas quando a vontade é boa, há que superar o medo e deixar a mudança acontecer. Porém, em outras vezes, o medo aparece como intuição de que é melhor não prosseguir naquele caminho.

A verdade não pode faltar. Se a voz interior é clara, a voz exterior também deve ser. Os sentidos interiores devem ser os guias mágicos de cada decisão.

Acredite na sua intuição, mas combata seu preconceito. O preconceito aparece quando há a generalização de que algo ou alguém é ruim, mesmo sem conhecimento sobre o assunto ou a pessoa em questão.

Conscientize-se dos sentidos interiores, do fluxo contínuo de sentimentos, pensamentos, visões e sons interiores, fluxo que nunca para, e onde deve haver o foco, aqui e agora, para obter o resultado desejado. Desenvolva diariamente sua atenção sobre sua voz interior, sua visão interior, seu sentimento, sua respiração e intuição.

48
A magia da perfeita alegria

A busca pela iluminação, a jornada mística para alcançar o êxtase da santidade, de se tornar pura manifestação do amor do Ser, tudo isso tem a ver com a história do santo homem Francisco de Assis, o filho de um rico mercador, que abdicou da fortuna, para se dedicar ao amor ao próximo, à caridade e à imitação de Jesus. As "florezinhas", *I Fioretti,* são os relatos medievais da vida de Francisco de Assis, e uma delas nos explica bem a magia da perfeita alegria. Segundo a lenda, um dia, Frei Leão pediu a Francisco que lhe dissesse onde está a perfeita alegria. E o santo Francisco respondeu:

"Quando chegarmos a Santa Maria dos Anjos, encharcados pela chuva, com muito frio, cobertos de lama, e aflitos de fome, e o porteiro não nos deixar entrar e nos enxotar dali, chamando-nos de enganadores, ladrões de esmolas dos pobres, e se suportarmos isso, sem nos perturbarmos contra ele, aí está a perfeita alegria. E se voltarmos a chamar, pressionados pela fome e pelo frio, se suplicarmos pelo amor de Deus, com lágrimas, que nos deixe entrar, e o porteiro irritado nos atacar com um bastão e nos agarrar pelo capuz e nos arrastar pela neve e bater muito, se suportarmos todas essas coisas pacientemente, e com alegria, pensando no que Cristo sofreu, e no que devemos suportar por seu amor, escreve, irmão Leão, que aí está a perfeita alegria, e a seguinte conclusão: acima de todas as graças e dons do Espírito Santo, está vencer a si mesmo, e pela própria vontade, por amor, suportar trabalhos, injúrias, críticas e desprezos".

Para o homem verdadeiramente iluminado, santo, não importa o que acontecer, por maior que seja a provação, haverá paz interior, haverá amor. A parábola de Francisco de Assis me fez entender finalmente o mistério do sacrifício e da paixão do Cristo, a plena aceitação de qualquer dor, na vida ou na hora da morte, e a consequente renovação da aliança com Deus, pela paz interior, pela plena fé e consciência da transitoriedade da dor e ressurreição da vida.

Às vezes, neste mundo, pode-se estar muito longe dessa perfeição. Os eventos da vida são capazes de perturbar e amedrontar a todos, e é preciso grande sabedoria e fé para não se deixar jamais abalar, e assim evitar ter maus pensamentos, a respeito de pessoas ou de coisas. No entanto, ainda que se esteja longe da perfeição, sempre se pode sonhar com ela.

Este é o Caminho do Mago, o caminho dos que desejam realmente serem iluminados: a magia da perfeita alegria, a paz interior que não se perturba nem diante dos piores sofrimentos e provações, pela certeza de que tudo passa, menos a mudança, e pela certeza de que se deve ter amor e gratidão, mesmo no momento das piores provações.

A magia da perfeita alegria se alcança pelo amor e pela gratidão, a cada instante, e assim renovam-se a fé, a esperança, os bons sentimentos e ótimos pensamentos.

A magia da perfeita alegria afasta as más vibrações de ódio, mentira, violência e a recusa da realidade presente.

Se há fome e frio, que se busque alimento e abrigo, isto é legítimo. Qualquer carência ou necessidade demanda ação para ser resolvida. É nobre buscar o caminho para colocar fim ao sofrimento, sem causar sofrimento a outros. Porém, quando as provações vierem, quando se deparar com o mal, o ódio, a violência, a traição, a injustiça, o engano e a ingratidão, mesmo assim, o mago, o iluminado, pode reagir com a perfeita alegria, e assim permanecer imune ao mal, em plena paz interior.

Através da magia da perfeita alegria, pode-se alcançar o paraíso, a bem-aventurança, a iluminação, o amor pleno a cada instante, até o último, quando se entregar a alma ao Ser, perfeitamente feliz.

Medite sobre a perfeita alegria, em sua vida.

49
A magia da aceitação

Passar longe de todo sofrimento é impossível. Sempre haverá a dor das despedidas, a necessidade do desapego de coisas, pessoas e lugares. É preciso aceitar o que não se pode mudar. A magia da aceitação ajuda a trazer a paz ao coração aflito porque reconcilia com aquilo que é, no momento.

A aceitação é muito útil quando se perde uma pessoa querida, e ajuda a atrair a ação correta da gratidão e do amor, ao invés da recusa e da revolta pela ausência da pessoa amada.

A aceitação ajuda também a lidar com os próprios erros, porque errar – como já se disse - é inevitável.

A aceitação faz toda a diferença quando há mudanças na vida, que possivelmente não foram desejadas, às vezes mudanças surpreendentes, porém reais.

Ninguém passa pela vida sem essas experiências, que fazem parte do caminho da vida.

Aceitar a realidade, mesmo quando ela envolve fim, erro, fracasso, qualquer provação, porém seguir adiante e se recuperar rapidamente, pronto para uma nova jornada, esta é a beleza da magia da aceitação.

A aceitação é um bálsamo que pode até ajudar a cura, no caso das doenças.

A aceitação também é de grande valia para enfrentar as difíceis dores da traição, do adultério ou do amor não correspondido.

Conto aqui uma experiência pessoal, quando tive dificuldade de aceitar a realidade e insisti em algo que não podia dar certo. No meu pequenino apartamento do Leme, ao lado do mar, vivi minha primeira experiência conjugal, de morar junto com quem amava, quando tinha trinta e três anos. Não vou dar o nome da pessoa aqui, apenas a chamarei de M. Era modelo.

Tinha beleza extraordinária. Chamava a atenção das pessoas na rua, que não resistiam a torcer o pescoço, para olhar, ou lhe diziam graças, passavam cantadas, constantemente. Eu me apaixonei pelos grandes olhos, pelo cabelo maravilhoso, pelo corpo extraordinário, pelo sorriso sedutor. Apaixonei-me tanto que convidei M. a morar comigo. Na convivência, descobri que a beleza de M. escondia infelicidade e amargura na alma. M. não tinha nenhuma paz interior. Tinha sofrido abuso sexual pelo próprio pai. Foi morar com uma tia, que não lhe dava comida ou lhe dava os restos que dividia com o cachorro. Tinha passado por miséria, privação, maus tratos e fome. Tudo isso tinha gerado revolta em M. Era um passado do qual não conseguia se libertar, nem mesmo ao lado do mar, no Leme, num lugar lindo, com minha disposição de amar para a vida inteira. Era como se M. de alguma forma tivesse inveja da minha vida, da minha família, da minha paz e do meu crescente sucesso profissional. A amargura de M. contrastava com a minha felicidade. A carreira de modelo era muito difícil. M. ficava três meses sem conseguir nenhum trabalho, indo a testes, onde, na maioria das vezes, o trabalho seria a recompensa não apenas pelo serviço profissional, mas também pela prestação de algum favor sexual. Em busca de mais oportunidades, M. começou a viajar frequentemente para São Paulo, onde se apaixonou e começou a se relacionar com outro modelo. Quando descobri isso, sofri muito. Amava muito M. e não queria me separar. No entanto, tive que aceitar a realidade. A dor da rejeição foi uma das piores que senti em minha vida. Ser trocado por outra pessoa é uma das piores experiências da vida. É como perder alguém a quem se ama. É como uma morte em vida. Foi nesta época que, para afastar meu pensamento de M, comecei a exercitar a meditação com mantras. Enquanto cantava meus mantras, interiormente, pelo menos, não estava sofrendo, pensando na separação. O relacionamento de M. com o modelo paulista durou pouquíssimo. Logo M. estava de volta, porém sua amargura, sua infelicidade, seu desamor comigo tinham se tornado insuportáveis. A convivência tinha se tornado impossível, pela recusa de M. ao amor. Mais uma vez decepcionado, com uma volta que desejei, mas provou ser ainda mais infeliz, eu agora só queria que M. partisse definitivamente. Como ainda tinha muita beleza, M. logo arrumou outro e partiu. Se M. tivesse feito a escolha de me amar, teria sido outra vida. Tudo teria sido diferente para os dois. Mas certas coisas não são para ser. E é bom que seja assim. Muitos anos depois, reencontrei M., e sua beleza tinha sido completamente destruída pelo tempo. A amargura e a infelicidade, antes escondidas pela bela genética, tinham tomado conta das suas feições, que agora pareciam mais diabólicas que angelicais.

Muitas vezes na vida, fracassamos. Namoros, casamentos e trabalhos muitas vezes não dão certo. Tudo faz parte da evolução. Ou persistimos e vencemos. Ou mudamos e vencemos. Aprendi muito a magia da aceitação com este primeiro fracasso conjugal.

Os caminhos do mago são libertar-se do passado, esquecer traumas e dores, aceitar quando algo não der certo, e continuar na busca pela realização mágica, com a paz interior de saber que uma próxima tentativa será bem sucedida.

Os melhores casamentos são os que se recuperam das crises. Não foi o que aconteceu comigo e com M., e não foi por falta de tentativa de minha parte. Precisei aceitar o fim, com toda a dor, até que essa também passou. Tudo passa, tanto os bons quanto os maus casamentos.

Conto essa história apenas para pontuar a magia da aceitação. O resultado mágico da aceitação é o potencial imenso de novos caminhos que se abrem diante de nós. Medite sobre a aceitação, em sua vida.

50
A magia do riso

Experimente sempre a magia do riso. Já sorriu hoje? Faça a experiência. Sorria agora. Esta simples magia, de sorrir, manda mensagem a suas dimensões interiores de que tudo está bem. Para falar desta fenomenal magia, quero citar um dos grandes ídolos de minha vida: Charles Chaplin. Já leu a autobiografia dele? É uma das melhores que li em minha vida. O coitado do Chaplin sofreu muito, principalmente na infância, passou fome, teve a mãe internada como louca, ficou órfão, foi perseguido politicamente, e a resposta dele a tudo isso foi a alegria. Além de ter feito todos aqueles filmes incríveis e engraçadíssimos, ainda compôs uma das mais belas canções de todos os tempos, *Smile*:

"Sorria, mesmo que seu coração esteja doendo, mesmo que esteja quebrando, se o céu estiver carregado, vai passar, se você sorrir. Na hora do medo e da tristeza, sorria, e talvez amanhã você verá o sol brilhar através de você. Ilumine seu rosto com a alegria, esconda todo traço de tristeza, embora a lágrima esteja perto, esta é hora em que você deve continuar a tentar. Sorria. Para quê chorar? Você vai ver que a vida vale a pena, se você apenas sorrir".

A magia do riso funciona mesmo. Sei por experiência própria. Toda vez que estou me sentindo estressado, por alguma razão, coloco um sorriso na face, e magicamente tudo passa. O sorriso é a porta aberta para a entrada da felicidade. Para que levar a vida tão a sério, se não vamos sair vivos dela mesmo? E se houver mesmo vida depois, como acredito que haja, já que o Ser é eterno, então aí está outra razão para sorrir.

A magia do riso é das melhores e mais agradáveis que existe. O dom da alegria, de olhar para tudo com humor, torna a vida mais leve e traz muitas outras vantagens, como veremos.

Quem não ama as pessoas que sabem contar piadas realmente engraçadas? Divertir a todo mundo com um repertório praticamente inesgotável de piadas que passem longe do mau gosto, que possam ser ditas na frente da família, é virtude para poucos, um dom a ser cultivado.

A magia do riso tem grande poder, na sociedade. Os grandes comediantes se tornam muito ricos e famosos. Toda pessoa bem-humorada cultiva amigos. Todo mundo quer rir, porque este é um dos maiores prazeres da vida. O riso é amor em forma de alegria.

A magia do riso tem também grande poder de sedução. Se você faz rir a quem você ama, seu amor está em bom caminho. E como é bom ouvir o riso de quem a gente gosta.

Rir é contagioso. Pode ver. Se você começar a rir, do nada, daqui a pouco outras pessoas estarão rindo também. Como disse Charles Dickens, mais um na lista dos que adoro, "não existe no mundo nada mais contagioso do que uma boa gargalhada ou o bom humor". É uma questão neurológica. Se você duvida, pesquise mais sobre o assunto. Então, por todos os dias da sua vida, sorria e ria, principalmente quando não estiver com vontade. Vai ver a alegria se espalhar à sua volta. O mundo melhora um pouco, cada vez que alguém ri.

Rir acompanhado é uma delícia, mas rir sozinho também é ótimo. Muitas vezes, por causa de um pensamento divertido ou uma lembrança engraçada, eu me vejo sorrindo. Às vezes me perguntam, quando estou assim, com o sorriso perdido na face, sem que saibam o porquê: "de que você está rindo?". E eu respondo: "estou rindo porque estou feliz". Se você não tem nenhum motivo para rir sozinho, então ria da tolice de rir sem motivo, que já é bom motivo.

Saber rir de si mesmo é uma das maiores sabedorias. Se rimos dos outros, por que não rirmos de nós mesmos? Quando rimos de nós mesmos, deixamos de dar importância a pequenas falhas, esquecimentos, imperfeições. Muitas vezes, já vi gente querida ou próxima se estressar com bobagens que não mereceriam um segundo de tristeza, infelicidade ou preocupação. Cada segundo perdido para a irritação é um segundo que não volta mais, uma oportunidade perdida de fazer um instante feliz.

O riso pode vir da surpresa, do inesperado. Por isso, muitas vezes, as pessoas riem do que não faz sentido. Rimos também dos erros ou das quedas dos outros. Mesmo assim, é bom rir, mesmo do que na verdade não tem graça.

O riso pode vir do exagero. Experimente exagerar nas suas descrições, e verá como fará as pessoas sorrirem.

O riso pode vir do duplo sentido. Minha mãe me conta, por exemplo, uma passagem divertida de quando eu tinha quatro anos. Era de manhã, e eu estava furioso, por alguma razão, e disse que ia embora de casa. Minha mãe me perguntou: "mas você não acha que é muito cedo?". E eu respondi: "está bem, então eu vou de tarde". Um exemplo singelo, entre outros milhares possíveis.

Rir é muito bom para a saúde. Isso já foi comprovado cientificamente. Um conhecido meu foi desenganado pelo médico, porque estava com câncer, metástase, e resolveu que ia passar o resto da sua vida, rindo. Então começou a ver todas as comédias que amava, para esquecer a tristeza. Ria e ria, sem parar. Quando voltou ao médico, milagrosamente, os tumores malignos tinham desaparecido. É verdade o ditado popular: rir é o melhor remédio. Todos os melhores trabalhos que fiz na vida tinham humor. Uma das melhores coisas na vida é que ela tem graça.

Alternamos sempre na vida momentos de alegria e de dor. Feliz é quem vive muito mais a alegria e o amor do que a dor. Agora era hora de atrair de novo a graça, o humor, o riso e a gargalhada. Divertir, fazer rir, tudo isso sempre amei. A resposta da vida foi uma sequência de novelas de comédia, dessa vez com o genial autor Carlos Lombardi. A parceria foi fenomenal. Escrevi grandes sucessos com esse formidável mestre da milenar arte da comédia. Medite sobre o riso, em sua vida.

51
A magia da superação da dor

Mesmo para os seres mais abençoados e sortudos, haverá dificuldades e dores, sobre a Terra. A vida tem mesmo esses dois lados que aparecem nas máscaras que simbolizam o Teatro: a alegria e a dor, a comédia e a tragédia. Tudo se passa como no poema de William Blake:

O homem foi feito para prazer e dor
E quem sabe disso com amor
Pelo mundo passa com louvor.
Alegria e dor se entrelaçam
No tecido da divina alma.

Quando a dor se abate com força sobre a vida, é preciso lançar mão de uma das mais difíceis magias: a superação da dor.

Todos que amamos um dia vão embora, mas podemos sempre pensar com alegria, paz e amor que iremos pelo mesmo caminho.

Reproduzo trechos que escrevi quando perdi meu irmão Bernardo, assassinado aos dezoito anos de idade:

"*Todos os dias a gente dorme, e o sono é uma pequena morte. Todos os dias o sol se põe e renasce no outro dia. A vida é como os dias, feita de fins e recomeços. Como a água, que desce dos céus e volta aos céus, assim é a alma dos homens e de tudo que vive. Todo mundo que vem para este mundo, um dia vai. Que ninguém se engane: somos eternos. Agradecer a vida e amar sempre é o melhor que podemos fazer.*

... Agradeço a Deus por ter tido você na minha vida, meu amigo, meu irmão. Queria que você estivesse na minha vida para sempre, e você estará, não da forma que eu pensava, mas você estará sempre comigo, e é bom saber que isto ninguém pode tirar de mim. Obrigado, Bê, pelas risadas, pelas brincadeiras, pelo carinho, por tudo de bom que sempre representou na minha vida. Bê, meu irmão, nunca falei isto com estas palavras nem precisava porque você sabia muito bem que eu amo você. Pouco depois da sua passagem, na noite em que me deitei na sua cama, no seu quarto, quando acordei, vi você, menino, de novo com dez anos, sorrindo, ao pé da cama, só por um instante e depois sumiu. Tive certeza de que você estava bem. E na noite seguinte, não sei mais se dormindo ou sonhando ou em que estado da consciência, ouvi sua voz, que me dizia que não queria ter partido, e que não sabia que havia mesmo vida do outro lado, mas agora sabia. E eu lhe falei sobre como é belo e sábio este mundo de nosso Criador, tão cheio de maravilhas. E procurei lhe dar força, fé, esperança, luz, porque não é fácil ser vítima de violência cruel e covarde, como você foi, e ter a vida ceifada tão cedo, como você teve. Depois de conversarmos mais, decidimos pedir a Deus pela sua volta, que acontecerá da melhor forma possível, porque você merece."

Para meu pai e a mãe do Bê, infelizmente não houve a magia da superação da dor. Nunca conseguiram superar a tragédia. O Bê era o único filho da Emilia. A saúde de ambos, física e mentalmente, foi abalada. Nunca mais conseguiram ser felizes. Os assassinos tinham assim destruído três vidas, a do Bê, que eles ceifaram, aos dezoito anos de idade; a de meu pai; e a da Emilia. Eu não estava disposto a deixar que destruíssem a minha vida também.

No começo, tive síndrome do pânico. Achava que ia ser assassinado, a qualquer momento. Tinha medo de cada carro que parava ao meu lado. Por mais difícil que fosse, eu precisava voltar a ter uma vida feliz. Começou então a magia da superação da dor, porque não queria que a mágoa me corroesse por dentro e se transformasse em câncer, como os que meu pai desenvolveu, ou toda a série de problemas médicos que a Emilia passou a enfrentar, com frequentes internações.

A magia da superação da dor é possível pelo foco no trabalho. Trabalhar é ótimo para quem quer superar alguma grande dor. Distrair-se com o que se ama fazer, dedicar-se ao serviço, tudo isso ajuda a mente a não martelar a infelicidade da dor.

Para se distrair da dor, é preciso focar no momento presente, seja no trabalho ou em qualquer atividade lúdica e prazerosa. É preciso não ter culpa de voltar a ter prazer e se dar o direito de ser feliz, depois de qualquer perda ou grande provação.

Há tanta gente precisando de amor no mundo. Aos que perderam entes amados, sugiro que vão amar, vão dar amor a crianças, bichos, plantas, gente necessitada, qualquer criatura que precise e mereça receber amor. Servir com amor ao próximo é mágica forma de superar qualquer dor.

A magia da superação da dor é possível através do trabalho, de servir a alguém, de fazer o bem e de ter alegria na vida. O perdão é também mágico para a superação da dor. É preciso saber se perdoar e mesmo perdoar quem nos causou a dor.

A vida me levou um menino, Bernardo, e me trouxe outro menino, meu filho. Foi um processo muito difícil e demorado, deixar de cultivar pensamentos negativos, a vontade de vingança, de justiça, no país da impunidade. O que me consolava era a fé na inteligência do Ser, em sua infalível justiça. Toda ação tem consequências. Os assassinos perderam parte da juventude na cadeia, e sobre eles sempre haverá o estigma do homicídio. Rezo para que se tornem espíritos mais evoluídos e passem a fazer apenas o bem. Foi a maior dor da minha vida, a morte trágica de meu irmão, mas ela me fez batalhar para voltar a ter alegria em minha vida, instante por instante, momento por momento. Não queria que os males do desamor, da não aceitação e do rancor me levassem a amargura e a doenças, como vi acontecer com meu pai e a mãe do Bê.

Há magia em cada instante. Quando o foco está no que acontece no exato momento que se vive, deixa-se de reviver a dor do passado.

Se a dor é presente, saiba que ela passará, como tudo passa, menos a eterna mudança de tudo que é. Faça tudo que puder para se livrar da sua dor e superá-la.

O poder mágico do agora é que nele está o novo chamado, o próximo passo, a renovação da realidade, a manifestação do desejo profundo do Ser.

Medite sobre como pode focar no que acontece agora, em sua vida, e como pode vencer qualquer dor.

Busque sempre criar interiormente a paz inabalável e a alegria infinita.

52
A magia do zen

A magia do zen-budismo é de grande valia para a paz e para a tranquilidade. Aprendi o zen porque não gostava de lavar louça, até o dia em que minha mãe me deu o livrinho *Zen ou a Arte de Lavar Louça,* do monge Thich Nhat Hanch. Ao ler o livro, percebi que minha mente voava em outras direções, porque não queria estar ali, lavando a louça, e toda a atividade se tornava uma experiência aborrecida. É o que acontece, sempre que não vivemos o agora, o momento presente. A mente se preocupa com um futuro apenas imaginado, e assim deixa de viver inteiramente o presente. O monge ensina a se concentrar na louça, na água, na limpeza, no agora, sem querer estar em outro lugar. Quando experimentei estar inteiro, focado no ato de lavar a louça, aquilo se tornou um instante mágico, de meditação, contemplação da beleza da água, da virtude da limpeza, da atenção no momento.

Tudo que se faz com foco no instante é magia zen. Não há problema futuro que perdure, quando a atenção está inteira no que está se fazendo, no instante, no agora. Jesus mesmo disse: "*carpe diem*", aproveite o dia de hoje, use bem o seu dia, sem se preocupar tanto com o que virá. É a mensagem do Sermão da Montanha, um dos mais bonitos que chegaram até nós, porque afinal "*o amanhã trará o seu cuidado*".

O aprendizado zen levei para a vida, e foi muito útil na minha carreira de escritor. Em vez de me preocupar com coisas futuras, eu fazia o trabalho, linha a linha, página a página, pacientemente, focado. A atenção no poder mágico do agora me fez seguir adiante, e foi assim que consegui superar a tragédia da perda de meu irmão.

Quando a vida nos surpreende, ela é como os koans, parábolas em forma de charada, tradicionais nos ensinamentos zen budistas.

Um famoso professor universitário procurou o monge japonês Nan-in para lhe fazer perguntas sobre o ensinamento zen. O mestre zen pegou chá e começou a encher a xícara do professor, mas quando ela estava cheia, não parou, de modo que a xícara transbordou, fazendo o professor falar:

– Pare! A xícara já está cheia! Por que está fazendo isso?

E o mestre parou e respondeu:

– Você chegou aqui como esta xícara, transbordando conhecimentos. Como posso lhe mostrar o zen, a menos que você esvazie a sua xícara?

Reproduzo aqui alguns dos koans que mais gosto, como exemplo:

Como era sua face original, antes de nascer?
Quando muitos se reduzem a um, a que um se reduz?
Qual é a cor do vento?
Quando você não pode fazer nada, o que você pode fazer?
O Ser é. O não ser não é.
Quando não se tem nada, tem-se tudo.

Medite sobre a magia zen de colocar foco no momento, principalmente quando estiver sob provação.

Perceba a si mesmo, pelo lado de fora e pelo lado de dentro. Se estiver em sofrimento, encontrará a paz. Se estiver triste, conseguirá a alegria. Se estiver aborrecido, encontrará a meditação e através dela a contemplação da maravilha do Ser.

53
A magia da verdade

Como disse Thiago de Mello, em seu lindo poema "Estatutos do Homem", no artigo primeiro: "*Fica decretado que agora vale a verdade, que agora vale a vida, e que de mãos dadas, trabalharemos todos pela vida verdadeira.*"

O caminho da verdade é o caminho do mago. A maior magia que se pode conseguir é a iluminação espiritual, que vem com o amor e a compaixão e traz consigo o fim de todo o sofrimento. Não existe iluminação, sem aceitação da verdade. Como disse Shakespeare, "*seja verdadeiro consigo mesmo, e tão certo como o nascimento de um novo dia, não será falso com ninguém*".

No entanto, todo ser humano que já pisou neste mundo alguma vez deixou de dizer a verdade. Quando alguém mente, muitas vezes está dizendo algo que gostaria que tivesse acontecido. Há gente que mente para não desagradar a alguém, como a criança pega em travessura, a pessoa infiel que não quer magoar a pessoa amada ou aquele que pensa em se proteger através da mentira.

A verdade pode ser muitas vezes dolorosa, mas é sempre melhor que a mentira. Tenho hoje esta certeza. Quem desejar compreender o mistério da magia, com toda sua sabedoria, deve usar a verdade. Apenas quando se lida verdadeiramente com o que É, pode-se mudar alguma coisa. Quem mente se refere a algo que não é. O mago verdadeiro atua sobre a realidade e não sobre a falsidade.

Jesus, considerado divino pelos cristãos e profeta para os muçulmanos, disse: "*eu sou o Caminho, a Verdade e a Vida*". Assim, esta figura histórica tão importante, a ponto de se tornar sagrado para tanta gente, define o Ser sagrado, com o qual se identifica, por seus atributos de caminho (deslocamento no tempo e no espaço), verdade (realidade) e vida (existência).

"*Esforce-se sempre para se destacar pela virtude e pela verdade*", disse o profeta Maomé.

Já faz muito tempo que procuro dizer apenas a verdade, e não me arrependo. Vale muito a pena, porque quem está conectado à verdade, está também conectado à realidade, ao que É, ao sagrado Ser.

Mentir por delicadeza, por amor, para não ferir alguém, é mentira menos grave, mas o ideal é sempre ser verdadeiro. A mentira não se sustenta na realidade, e por isso logo desaba. "*A mentira tem pernas curtas*", diz o ditado popular. Pode até demorar, mas a verdade sempre aparece. A mentira não serve para nada, e apenas prejudica o mentiroso.

Às vezes, quem se engana quer persistir no erro, e não aceita a realidade, mesmo quando lhe é mostrada. Neste caso, não há muito o que fazer, além de aceitar que algumas pessoas preferem permanecer no erro, por mais que tentemos mostrar a verdade.

Ser verdadeiro é também ser fiel aos próprios sonhos, àquilo que se quer na vida. Se sua vontade é boa, converse francamente com o Eterno Ser, capaz do milagre de dar existência a todas as criaturas. Defenda a boa história que quer contar em sua vida, trabalhe pela boa ideia, pela boa causa, preste o bom serviço, encontre os seus caminhos. Ser verdadeiro consigo mesmo, ser verdadeiro com a realidade, é magia de grande poder. Medite sobre a verdade e a mentira, em sua vida.

54
A magia da liberdade

Um dos principais atributos do Ser é a liberdade. Todas as criaturas têm a liberdade de fazer escolhas, a cada instante.

A mente sempre é livre, ainda que a matéria esteja sujeita a diversos tipos de prisão.

Poucas coisas têm mais apelo que a liberdade. Todo ser humano deseja se sentir livre.

A liberdade é sempre desejada, ainda que se sacrifique a própria liberdade muitas vezes pelo bem maior do amor. Mas quando se faz isso, como a entrega fiel dos esposos, a dedicação que os pais têm pelos filhos ou o foco no trabalho, ainda assim há liberdade nesta escolha.

Muitas vezes, nós mesmos criamos as nossas prisões. E por acreditarmos nelas, permanecemos nelas. Na verdade, somos sempre livres para mudar tudo.

Existe grande felicidade em saber usar bem a magia da liberdade, sem fazer mal a ninguém. A liberdade é poderosa como a felicidade, desde que não fira o próximo.

Como disse Lincoln, "*quem tira a liberdade dos outros não merece ser livre*".

E disse Mandela, "*não basta se livrar das próprias algemas, é preciso respeitar e defender o direito à liberdade dos outros*".

Sentir-se livre para falar, para expressar-se, é mágico. Toda censura deve ser combatida. A liberdade de expressão deve ser defendida sempre.

Disse Gandhi, "*devemos sentir-nos livres mesmo para errar*".

CAPÍTULO 54

As escolhas terão suas consequências, e os erros trarão seu aprendizado.

Muitas vezes, é preciso coragem, para ser livre.

Nos Caminhos do Mago, encontra-se a liberdade para fazer o bem e a liberdade para ser feliz.

Medite sobre a liberdade, em sua vida.

55

A magia das provas

O verdadeiro mago entende que passará por provas. As provas são diferentes das provações, assim como os testes são diferentes das dores, ainda que algumas provas sejam verdadeiras provações.

Quem ama alguém ou quer realizar algo sempre terá que provar sua capacidade. Sempre haverá provas no caminho. Para alcançar o amor, a sabedoria, a iluminação, a felicidade ou mesmo para se obter o bem desejado, há que se provar que se merece.

Isso faz parte da natureza do Ser, no nosso planeta, onde temos que passar pela experiência de diversos tipos de contrastes, para nossa evolução.

A vida é mágica, quando se aprende a passar pelas provas. E para isso, é preciso tempo, estudo, foco, dedicação e disciplina. Em tudo isso, há a magia. O desejo se converte em realidade, quando existem a fé e o trabalho incessante, em busca da vontade boa.

Os mitos e histórias que existem em todo o planeta, em todas as culturas humanas, dos aborígenes australianos aos esquimós, mostram identificação de todos com o herói e heroína que travam inúmeras batalhas para realizar seus objetivos.

Então, se você ama seu dom, seu talento, aquilo que você tem facilidade de fazer, prove. Exercite-se, exerça, pratique, aja, atue, trabalhe. Busque melhorar sempre o serviço que entrega. Compartilhe com os outros aquilo que recebeu como graça do Ser.

Lembre-se que sempre é tempo. Nunca é tarde para batalhar pelo próprio sonho, pela boa vontade, sempre que acreditar que tem a capacidade.

Se você já conquistou muitas coisas, já prestou muitos serviços, provou muito seu amor, a modéstia é boa mestra, e você pode realizar mais, enquanto viver.

Se você ama alguém, prove, demonstre sempre seu amor. Se não for correspondido, lembre-se: quem não prova que merece seu amor, não merece você.

O fã recebe amor em forma de arte de seu ídolo artista, e devolve com amor. O discípulo recebe amor em forma de sabedoria de seu mestre, e um dia passa o conhecimento adiante. Quem muito recebe, acaba por devolver.

Continue a provar o seu amor, em cada novo trabalho, em cada novo serviço.

Para os que são ricos e têm muitas coisas, fica o alerta. Não se deixe escravizar pelas coisas. Não é dos bens materiais que vem a felicidade, mas da saúde, do amor que se sente pelo que É, pelos próximos e por si mesmo, e do amor que sentem por nós. É melhor viver num casebre com felicidade do que numa mansão com tristeza.

Em cada novo relacionamento, também, prove o seu respeito, que é uma forma de amor. Aproveitar cada instante, com amor e alegria, focar no lado bom de tudo e todos, é a receita para a felicidade. Medite sobre as provas de amor, em sua vida.

56

A magia da sociedade

Somos seres sociais. Fomos criados para viver em grupo. A família é o primeiro núcleo, é a raiz e é o tronco do qual emergimos. Idealmente, é na família, no grupo original, que cada um deve encontrar apoio, sempre que necessário, ainda que haja exceções, famílias disfuncionais, onde o amor deixa de existir e não se encontra o suporte.

Muitas vezes, as escolhas de nossas vidas, nossos chamados mais íntimos, podem nos levar para longe de nossos pais, por algum tempo. Nesses momentos, somos como o pássaro que voa do ninho.

Depois de deixar a família paterna ou materna, busca-se sempre, de alguma forma, integrar-se a um novo grupo. Pode ser através de uma comunidade, um namoro, um casamento ou amigos.

Todo mundo precisa conversar, estar com alguém, trocar informações, carinhos, presentes, viver momentos felizes com a companhia de pessoas de quem se gosta.

Alguém da família ou do grupo de pessoas próximas sempre precisa de alguma coisa. O caminho do mago é prestar bom serviço a quem tem necessidade, sempre que possível.

Na vida, cada um sempre passa por diferentes formações de grupos e famílias. Cada nova situação é como uma constelação, em que existe a oportunidade para trocar energias e evoluir juntos.

A família tem a magia de passar dons de geração em geração. A família transmite valores culturais e morais. Por exemplo, gosto de ler, como meus avós e bisavós já gostavam, muito antes de eu nascer. Meu amor pelas artes cênicas começou com as encenações natalinas que minha mãe fazia comigo, meus irmãos e meus primos. Meu maior exemplo de caráter e mansidão vem de meu avô João Xavier. Poderia dar ainda muitos outros exemplos. É importante reconhecer quais os dons, os talentos, as graças, as facilidades que adquirimos por termos nascido na família em que nascemos.

Se por acaso você não encontrar apoio no seu núcleo familiar original, deve procurar outro grupo ou constelação em que seja possível se desenvolver e evoluir.

Sobre a sociedade nos negócios, é preciso ter muita atenção. Um mau sócio pode trazer grandes prejuízos. Não devemos nos associar a nada ou a ninguém, sem absoluta fé e confiança no que estamos fazendo.

É sempre bom viver com alguém. Quem casa ou mora junto com alguém, vive mais tempo. Isso foi comprovado cientificamente. De modo geral, somos seres que vivemos melhor acompanhados do que solitariamente. Somos seres sociais, feitos para viver em sociedade, e não na solidão. Às vezes, não é nem necessário estar casado, mas é bom morar com alguém. É claro que há exceções a essa regra geral, porque não vale a pena ficar casado ou coabitar com quem lhe machuca ou faz mal.

Para estudar os mistérios do Ser, podem-se encontrar grupos ou ordens como os rosa-cruzes e os maçons, de antigas tradições, em que se pode conquistar a confiança e o apreço de outros membros, além de aprender muito sobre os mistérios. Somos mais fortes quando não estamos sozinhos.

Medite sobre sua família e sobre os grupos e pessoas com quem convive. Reflita sobre o bem que esses grupos e pessoas trazem. Pense como tornar ainda melhores os seus relacionamentos.

57
A magia das mutações

Somos todos mutantes, resultados de combinações genéticas ancestrais que fazem que cada um de nós sejamos indivíduos únicos, de alguma forma diferentes de todos os outros seres, por mais que haja também muitas semelhanças. Isto é uma prova da infinita inteligência do Ser.

As mutações continuam pela vida, de embriões a bebês; de crianças a adolescentes; de adultos a seres de idade avançada. Passamos por um número imenso de sutis mutações, dia a dia, ao longo da vida. Tudo é assim. Tudo muda o tempo todo. Tudo passa, menos a mudança. O Ser se desenvolve, muda ao longo do tempo.

Ao vivermos muitas mutações, na vida, evoluímos, pela experiência dos contrastes. Continuamos a nos pensar sempre como seres únicos, individuais, ainda que haja grandes diferenças em nós, da fase de bebês até o momento atual. Então será que já não éramos nós mesmos, antes de termos consciência de nossa existência?

Quando éramos fetos ou recém-nascidos, já éramos nós, ainda que não soubéssemos. E depois da morte, algo em nós se transmuta e continua a ser, ainda que de novo não tenhamos mais consciência. Muitas coisas acontecem conosco, a cada instante, em níveis microscópicos ou de irradiações de energia, promovendo mutações em nós, sem que tenhamos consciência.

As mitologias antigas de todas as culturas são cheias de exemplos de seres mutantes. O tema é universal e de grande apelo popular. Por exemplo, as quimeras, misturas de seres humanos com animais, são encontradas em diversas lendas do mundo inteiro. Hoje, a humanidade já é capaz mesmo de produzir os seres mutantes, as quimeras que um dia pertenceram apenas à mitologia.

Somos todos mutantes, porque viemos experimentar os contrastes, para evoluirmos. Reconhecer as mutações em si, aceitar as mudanças que o tempo traz, promover as mutações desejadas, com foco e intenção no objetivo, tudo isso faz parte dos caminhos dos magos.

No fim da vida, há a grande mutação, que é a morte. No último suspiro, vibre com amor. Para onde vibrar seu amor, para lá será levada sua alma.

Medite sobre as mutações em sua vida.

58

A magia de um filho

Para quem ama cuidar de crianças, brincar e educar, a magia de um filho traz grande felicidade e o maior amor que se pode sentir na vida.

Dedicar-se com amor a um filho é uma experiência mágica, transformadora em todos os sentidos. A frase já foi dita muitas vezes antes, mas é diferente quando a própria pessoa sente na verdade que poderia mesmo dar a sua vida por seu filho. A magia de ter um filho é tão forte que a vida de alguém passa a ter até mais importância que a própria vida.

Ser pai é uma intensa doação de tempo e energia, ancestral como a espécie humana. Ser pai é se inscrever na corrente do tempo, lançar para a eternidade parte de si mesmo. A magia de ter filho resulta em intensa felicidade, que só quem ama e é amado por seu filho pode compreender na totalidade. É verdade que nem todos nasceram para conhecer as alegrias de ser pai ou mãe. Muita gente que conheço realizou esse puro amor como tio, tia, padrinho ou madrinha.

Há outros também que tiveram a sorte de ser pais, mas não valorizaram isso em suas vidas, e perderam assim a grande oportunidade de ter o amor de seus filhos. Cada instante que passei com meu filho foi uma bênção, mesmo nos momentos mais difíceis da educação, que passa necessariamente pela imposição de limites, por muitos nãos, pela disciplina que dura muitos anos da vida, em relação a horários, escola, banho, refeições, esportes, necessidades afetivas e cuidados médicos.

A todos que desejam acrescentar amor e alegria a suas vidas, sugiro a magia de ter filho. Para os que não têm a condição de ser pais, no sentido pleno da palavra, sugiro o apadrinhamento de alguma criança carente, em orfanato. Todas as crianças precisam de amor, e algumas envelhecem sem jamais serem adotadas.

Cuidar de crianças é mágica forma de ajudar a humanidade, porque cada criança que recebe amor e educação será um ser humano melhor, no mundo. Não haveria tanta violência e ódio, se todas as crianças fossem criadas com amor.

Medite sobre seus filhos, se você os tiver, ou sobre as crianças que existem em sua vida ou que você poderia ajudar, de alguma forma.

59

A magia da atração

O universo responde a aquilo que se atrai, com projeção, pensamento, sentimento e ação. Muitos atraem o que temem, por não conseguirem focar suas energias no resultado que verdadeiramente almejam. Atraímos o que desejamos, pensamos, sentimos e buscamos. Somos atraídos para nossas escolhas, que têm consequências. Isso é resultado da lei da atração, que deve ser estudada e compreendida, para que se possa usar conscientemente a sua poderosa magia.

A lei da atração é universal. Nossas energias atraem outras energias, e dos encontros resultam novos fatos, que constituem a história das nossas vidas. O Ser nos traz aquilo em que focamos, seja o desejo que precisamos de toda maneira realizar, ou o medo que não sai dos pensamentos. Somos realmente ímãs. Atraímos as coisas boas em que acreditamos, ao ponto de batalhar por elas, e atraímos também os resultados de nossos medos e preocupações mais constantes.

Aprender a focar no que realmente deseja, afastar qualquer energia negativa, é excelente exercício para atrair nova vitória ou acontecimento importante. Visualizar o resultado desejado, sentir sua realidade, ter certeza que é possível, e encontrar os caminhos para a realização. Esta é a magia da atração, poderoso instrumento.

Foi assim que realizei meus sonhos, e sei que assim também você poderá realizar os seus. Tudo me foi possível por causa da magia da atração. Realizei meus sonhos, tornei-me ator profissional em Teatro e TV, ganhei bolsa de estudos na Europa, viajei o mundo, namorei e casei com quem desejei, trabalhei matéria e espírito em busca de constante evolução, virei autor de sucesso, escrevi novelas, livros, fiz cinema, tive filhos, ajudei quem amo, fiz fortuna, amei e fui amado. Acreditei que era possível, em cada um dos casos, e fiz minha parte para que acontecesse. Continuarei a usar a magia da atração, enquanto viver. Digo isso não por vão orgulho, mas para incentivar quem tem fé a fazer sua parte e atrair suas melhores vontades para que se tornem reais.

Tudo que se manifesta em nossas vidas é de alguma forma atraído por nós. A própria matéria existe apenas por causa da lei da atração, a gravidade, que funciona não apenas na matéria, mas também no espírito. Os prótons e nêutrons que hoje constituem nossos corpos amanhã constituirão outros corpos, e vivem eternamente, desde os primórdios da criação, por causa desta lei. E da mesma forma, o espírito que comanda a matéria se move por atração.

Sol, lua, estrelas, todos os astros se movem, segundo a lei da atração. Magnetismo e gravidade são manifestações da atração, propriedades essenciais do Ser.

Tudo vive em ciclos, tudo está sempre a mudar, tudo terá novos fins e novos começos.

Você e eu somos como tudo, somos parte de tudo, somos seres à semelhança do Ser.

Nossas vontades, sentimentos, pensamentos e ações reverberam no Ser, justamente por causa da conexão e unidade fundamental de tudo que existe. É por isso que o bater das asas de uma borboleta muda sim o universo, mas isso não significa o caos. É pura beleza, ordem e inteligência.

O resultado mágico da atração consciente é a realização da vontade. A magia da atração começa quando se foca no que se quer, tem-se a fé de conseguir o resultado e age-se na direção do objetivo.

Quando as provações surgirem, atraia amor para seu pensamento, sentimento e ação. Atraia carinho, calma, gratidão, informação, boa companhia, bom conselho, força, saúde, prosperidade, fé, alegria, serenidade, segurança, bondade, compreensão, pureza, felicidade, paz e bem.

Medite sobre o que você tem atraído, no pensamento, no sentimento e nas suas ações.

60

A magia do não

Às vezes, é preciso dizer não. O não se faz necessário quando alguém está evidentemente errado, contra a rudeza, os abusos, as injustiças, a repressão, a opressão, as ditaduras, os maus governantes, os corruptos.

É preciso confrontar, batalhar, lutar contra o que não está certo. Por isso, Jesus expulsou os vendilhões do templo sagrado. Não se pode tolerar a presença do mal, sem agir contra ele. Admoestar, advertir, agir de modo contrário aos interesses errôneos de outra pessoa, faz parte também da evolução.

O poder mágico do não é dar fim ao que não está correto. Ninguém passa pela vida sem se deparar com enganos, erros, traições, ingratidão, injustiça.

Para dar fim a uma situação de erro ou abuso, é preciso usar a voz, denunciar, dizer às claras o que está acontecendo, a quem puder ajudar a colocar fim ao mal.

Medite sobre o que não está correto em sua vida. Medite sobre o que pode mudar para melhor.

61
A magia dos jogos e dos oráculos

Muita gente não sabe que o baralho de quatro naipes, cartas de ás a rei, é o baralho dos arcanos menores do Tarot. Muita gente, no mundo inteiro, brinca com este baralho, em vários jogos possíveis, solitário, canastra, pôquer, vinte-e-um, entre tantos outros, sem saber que ali há lições antigas da Kabbalah.

O Tarot é uma adaptação dos conceitos da Kabbalah, em forma de jogo. Os quatro naipes, os arcanos menores, simbolizam paixão, trabalho, luta e fortuna. Há escalas entre poderes, combinações e papéis que mudam, de acordo com as situações. A magia dos jogos é que eles nos ensinam sobre a vida.

Aprendi o Tarot com o livro que o querido e excelente dramaturgo Vicente Pereira me deu de presente, *O Tarot dos Magos,* de Oswald Wirth. Estudo o Tarot há mais de trinta anos. As vinte e duas cartas dos arcanos maiores também são muito conhecidas, apesar de não tão utilizadas quanto as cinquenta e duas cartas dos quatro naipes de arcanos menores. Reza a lenda que os vinte e dois arcanos maiores correspondem às vinte e duas letras do alfabeto hebraico, aos vinte e dois caminhos entre as dez sefirotes, as emanações ou dimensões através das quais o Ser cria o Universo, o grande jogo dos contrastes, segundo a Kabbalah.

O jogo de que mais gosto no Tarot é o da cruz, de cinco cartas. Cinco é o número da sabedoria espiritual, simbolizada pela figura do Sumo Sacerdote. A cruz simboliza a intercessão entre a fonte espiritual e a realização material. A primeira carta mostra a carta favorável, a segunda mostra a carta contrária. Há sempre lados positivos e negativos, em tudo. A terceira mostra o que está em questão. Sempre algo está em questão. A quarta carta é um conselho. E o conselho é sempre muito interessante. A soma de todas as cartas é a decisão, o resultado, a quinta e última carta do jogo, como um oráculo.

Quando jogo o Tarot para alguém, peço que a pessoa pense numa pergunta clara e foque bem nela. E mesmo sem saber a pergunta, respondo o que o jogo me diz, pelas cartas escolhidas: o que está a favor, o que está contra, o que está em questão, o conselho e a síntese. Magicamente, as respostas sempre fazem completo sentido para quem está jogando, fazendo a pergunta.

Este fenômeno mágico acontece porque todas as vinte e duas cartas do Tarot falam de coisas que são comuns a todas as pessoas na Terra. Então, qualquer que seja a carta, em qualquer posição, o jogo sempre fará sentido.

Vou fazer aqui uma breve descrição das vinte e duas cartas dos arcanos maiores, um exercício de tentar sintetizar essas imagens muito ricas em seu significado mais essencial.

O LOUCO é o começo e o fim. É o artista, criador da própria vida, que encontra seu caminho conforme anda, na companhia de um animal, carregando seus poucos pertences, seminu, à beira do abismo. Seu número no começo é o zero.

Um. O MAGO sabe realizar a sua vontade e possui os instrumentos para isso.

Dois. A PAPISA ou SACERDOTISA está grávida da novidade e é a resposta do Ser às nossas ações, é a carta do outro ou da outra, do que está fora e independe de nós.

Três. A IMPERATRIZ é a inteligência, é a comunicação, é a que detém as chaves.

Quatro. O IMPERADOR é a ordem, é a lei, a base, as regras que comandam.

Cinco. O PAPA é a espiritualidade, é a fé.

Seis. OS ENAMORADOS são as energias que constantemente se atraem e se misturam.

Sete. A CARRUAGEM é a vitória, é o triunfo, o que se realiza, domando as energias que vão em direções contrárias.

Oito. A JUSTIÇA é a balança, o equilíbrio dos contrários, e pode ferir ou recompensar.

Nove. O EREMITA é a busca solitária que ilumina o caminho para os outros.

Dez. A RODA DA FORTUNA é a das mutações que sofremos na vida, é a grande sorte de ser, a maior riqueza que existe.

Onze. A FORÇA doma o que parece assustador e coloca tudo sob controle.

Doze. O DEPENDURADO é o trabalho, que parece uma posição difícil, mas quando vista em outra perspectiva, é uma carta de levitação. O trabalho transforma a dificuldade em realização mágica.

Treze. É a carta sem nome. Por ser imagem de esqueleto e foice, muitos a chamam de morte, porém na verdade é passagem, fim de um ciclo e começo de outro.

Quatorze. A TEMPERANÇA é a força angelical que faz as energias mudarem de um lugar para o outro.

Quinze. O DIABO é a prisão a coisas materiais.

Dezesseis. A CASA DE DEUS é quando alguma coisa acontece de forma bem diferente do que se imaginava.

Dezessete. A ESTRELA é o destino, é a força que nos guia, inspira e atrai, entre todas as outras. É a energia que usamos para criar o curso de nossas vidas.

Dezoito. A LUA é a imaginação, o sonho.

Dezenove. O SOL é o prazer, o encontro feliz, a arte.

Vinte. O JUÍZO é o resultado de nossas ações.

Vinte e um. O MUNDO é a grande fonte da eterna criação, guiado pelas dimensões do espírito, do sentimento, do trabalho e do pensamento.

E terminamos de novo com o LOUCO, que é o fim e o começo. E no fim, seu número é vinte e dois.

Em outros jogos e oráculos, como o jogo de búzios, o jogo de Ifá; as runas; o I-Ching; vemos o mesmo recurso de respostas universais, que sempre encontram identificação em quem escuta. O I-Ching é particularmente fácil de aprender e jogar.

Os jogos e oráculos de diversas tradições demonstram que a experiência humana tem semelhanças sempre com a dos outros, por mais que sejamos indivíduos, com perspectivas únicas.

Helena Blavatsky, Carl Gustav Jung, Joseph Campbell, Claude Lévi-Strauss, Vladimir Propp, todos eles estudaram mitos e símbolos de diferentes origens, comparando-os, e encontrando semelhanças entre eles.

Qualquer sistema simbólico de conhecimento do mundo tem valor, por lidar com arquétipos, que são comuns à experiência humana. A jornada do herói que empreende sua aventura, em busca de um objetivo, contra diversos obstáculos, é a jornada de cada um de nós.

Quando usar a magia dos jogos e oráculos, foque claramente na questão para a qual quer resposta. Vale para os jogos dos búzios, oráculo de Ifá, I Ching, Tarot, runas ou para a vida. O simples fato de ter clareza e foco sobre o que se quer faz toda a diferença.

Medite sobre seu jogo, na vida.

62
A magia da gratidão

A gratidão é uma das coisas mais mágicas que existem. A gratidão traz o amor do Ser. Atrai bençãos. Fortalece amizades. Solidifica o amor.

Todos os dias, agradeça ao despertar, pela benção do novo dia, com todas as suas possibilidades de amor e felicidade. Várias vezes, durante o dia, agradeça a benção de ser, todas as bênçãos da vida, as maravilhas que nela encontra. E antes de adormecer, de novo agradeça. Não são as pessoas felizes que são gratas. São as pessoas gratas que são felizes. A gratidão é uma forma extraordinária de amor. A vida ama quem ama a vida. Agradecer demonstra amor pela dádiva que se recebe. O Universo inteligente devolve amor para os que vibram amor.

Como escreveu Marcel Proust, "*sejamos gratos às pessoas que nos fazem felizes; são como jardineiros encantados que fazem nossas almas florirem*".

Agradeça por todas as bênçãos, mas agradeça também pelas provações, porque elas o fazem evoluir. Agradeça até pelas dores, sabendo que elas fazem parte do caminho e também sempre passam. Magicamente, sempre que agradecer, durante suas dores e provações, isso ajudará que elas passem mais rápido. Tamanho é o poder e a magia da gratidão.

Nem mesmo o ser mais iluminado passa pela vida sem conhecer a doença, a perda e a morte. Agradeça até pelas doenças, porque elas o farão valorizar cada instante de saúde. E também, por incrível que pareça, qualquer moléstia passa mais rápido, quando se vibra amor.

Quando alguém partir, agradeça por tudo de bom que viveram juntos.

Agradeça até pelas imperfeições, pelas suas e pelas dos outros, porque são novas oportunidades para evoluir pelo amor de tudo que é.

O mago iluminado vibra amor e gratidão, a cada instante. Quem chega neste estado conhece a perfeita alegria de ser.

Às vezes, penso que um dia vou renascer estrela. E vou sofrer a dor do parto de uma estrela, a juventude de uma estrela, a maturidade de uma estrela e a morte de uma estrela. Durante bilhões de anos, vou arder em múltiplas explosões, gerando luz e vida para uma infinitude de seres. E vou ser grato, pelos bilhões, talvez trilhões de anos que viver me explodindo em luz. Quando morrer, nesta vida ou como estrela, morrerei agradecendo, por tudo que vivi, sabendo que o fim é na verdade um novo começo. A morte é como êxtase em que o novo ser se concebe.

Agradeço ao leitor ou à leitora que me acompanhou até aqui. Faço-lhe agora o encantamento que sua vida, daqui para sempre, seja constante sucessão de instantes de amor. Medite sobre a gratidão, em sua vida.

63
A magia do amor

Disse Paulo: "*entre a Fé, a Esperança e o Amor, a maior delas é o Amor*". Pedro disse: "*acima de tudo, sintam amor intenso uns pelos outros*". E João disse: "*Deus é Amor*". Mestre dos três, Jesus resumiu os Dez Mandamentos numa única lei: "*Amar a Deus (o que É) sobre todas as coisas, e ao próximo como a si mesmo.*"

Muito antes de Jesus, os antigos gregos distinguiam cinco tipos de amor. Eros, o amor íntimo e sexual; Philia, o amor pelos semelhantes e amigos; Storge, o amor da família; Philautia, o amor próprio; e Agape, o amor incondicional e por tudo.

O amor correspondido é uma das melhores coisas da vida, talvez o maior dos prazeres, em qualquer nível.

O mago, depois de atingir a iluminação espiritual e se tornar um avatar, símbolo de amor, deve resplandecer para os que ainda sofrem e buscam o amor. Com toda a paciência, deve buscar mostrar aos que necessitam os caminhos do amor.

No princípio e no fim de tudo, a maior magia é mesmo o amor. Quem amar cada momento da vida, será iluminado, abençoado e poderá operar milagres. Mesmo nas provações, se houver amor, haverá felicidade. Quem é capaz de amar cada instante, mesmo o mais difícil, aprendeu a magia mais poderosa de todas.

Amar o que existe no momento é o mesmo que amar a Deus. É amar o que É.

Amar tudo o que estiver próximo é coisa que pode demorar muitas vidas para aprender. Muitas vezes é difícil amar alguém ou algo que nos perturba. Neste caso, vejo duas possibilidades: ou afastar-se, levando em conta também o amor próprio; ou buscar a evolução que nos permite entender o que nos perturba, e fazer o outro evoluir também.

O amor próprio é fundamental. É essencial. É preciso cuidar do corpo, que é apenas o templo onde habita provisoriamente o espírito. E é preciso cuidar do espírito, atento ao que se pensa, ao que se sente, procurando sempre afastar maus pensamentos e sentimentos.

Até aqui te trouxe o amor. Com amor siga adiante, enquanto viver, pela eternidade. Ame muito nesta e nas outras vidas.

Neste livro, deixei de citar muitos mestres, muita gente maravilhosa que encontrei, amigos, familiares e amores. Isso não significa que não sejam importantes para mim, então desde já recebam meu amor.

As pessoas que mais amamos são as que mais nos fazem evoluir. Meu amor vai agora para você que está lendo estas palavras. Receba meu amor como um abraço fraterno, um voto de confiança, de serenidade, de paz espiritual, de energia boa, fé e esperança.

Na verdade, é o amor que nos move. Como disse Dante, no último verso da *Divina Comédia*, "*é o amor que move o sol e outras estrelas*". Tudo que fazemos é porque amamos ou porque desejamos ser amados.

Amamos o ar que respiramos, o líquido e o alimento que consumimos. As necessidades do corpo, devemos realizar com amor.

Minha avó me passou com muito gosto este dito popular:

"*A limpeza, Deus amou.*"

Primeiro de tudo, cuide da limpeza espiritual. Busque pensamentos e sentimentos amorosos, corretos, no sentido de servir, sem desejar o mal a ninguém, ao mesmo tempo sendo verdadeiro consigo mesmo.

Também na realidade material, busque viver sempre em ambiente limpo. O planeta precisa disso, a espécie humana precisa, todas as espécies precisam, e cada um deve fazer a sua parte para manter limpo o seu espaço, as águas, as ruas, enfim, toda a natureza, tudo que existe.

Segue breve resumo das qualidades do amor:

O amor é paciente.

O amor apoia.

O amor acredita.

O amor está pronto.

O amor sabe esperar.

O amor compreende.

CAPÍTULO 63

O amor é bondoso.
O amor é fazer o bem.
O amor traz grande felicidade.
O amor é a felicidade.
O amor é a energia da vida.
Onde está o amor, está Deus, por isso ame.
O amor é doce.
O amor é suave.
O amor se entrega.
O amor se sacrifica.
O amor se devota.
O amor não sente inveja.
O amor é humilde.
O amor não se ostenta.
O amor não se enche de orgulho para falar de si.
O amor é presente.
O amor não se impõe.
O amor é gracioso.
O amor é educado.
O amor não causa escândalo.
O amor se comporta.
O amor é elegante.
O amor é belo.
O amor é manso.
O amor não se irrita.
O amor não provoca.
O amor não implica.
O amor não é egoísta.
O amor não pensa apenas em si.
O amor não é avarento.
O amor é generoso.
O amor é sincero.
O amor é verdadeiro.
O amor não mente.
O amor é constante.
O amor não falha.

O amor permanece.

O amor perdura.

O amor não acaba.

Quem ama não depende de nada para ser feliz.

Quem ama carrega consigo a felicidade, para compartilhá-la com quem estiver próximo.

Nas provações, quem ama encontra amor, fé, esperança e gratidão.

Sempre se pode evoluir neste planeta, ou não se estaria aqui, e sim em outro lugar deste grande arranjo cósmico, neste jogo divinamente lindo, em que o Ser se multiplica em infinitos seres, e cada um está onde merece e precisa estar para sua evolução.

Faz parte da natureza dos seres evoluir no Tempo, neste Universo. De acordo com suas escolhas, cada ser se reposiciona sempre.

Quanto mais se ama, mais se é feliz e recompensado.

Quanto menos se ama, mais perto se está do sofrimento.

Quem ama já tem o amor do Ser.

Todos nós passaremos pelo eterno ciclo de renovação. Aceite com amor a sua permanente evolução, a mudança que sempre vem, porque faz parte da grande aventura do Ser.

Hoje entendo porque o imortal Dante chamou seu livro de *A Divina Comédia*. Vivemos numa criação que existe para a felicidade. Na vida, há muito mais prazer que dor, mais luz que trevas, mais bem que mal.

O amor me levou a escrever este livro. Seja agora você o mago iluminado, capaz de realizar milagres em seu caminho. Nunca deixe de buscar o extraordinário na vida, em cada experiência, a cada instante, sempre em novas realizações. Tenha a perfeita alegria de amar cada instante, mesmo os mais difíceis.

Alcance a paz infinita de amar agora, a felicidade renovada a cada instante, enquanto viver, mesmo em face das provas mais difíceis. Reconheça e use a magia do amor, agora e sempre.

Agradecimentos

Ao meu filho, João Lucas, cujo amor pelas histórias mágicas foi uma das grandes inspirações para esta obra.

A minha mãe, Helena Xavier, primeira mestra do mundo mágico e da arte de contar histórias, pela vida, por tudo que me ensinou, por todo o seu amor e também por revisar diferentes versões deste livro, até ficar finalmente pronto.

A minha querida afilhada e filha do coração, Juliana Xavier, pelo incentivo constante.

A minhas amigas Angela Moss e Daniela Escobar, primeiras leitoras deste livro, enquanto estava ainda em construção.

À sempre querida Ligia Fagundes e aos meus amigos Alexandre Avancini, Marcelo Galvão e Nanda Ziegler, por conversarem comigo várias vezes sobre este trabalho.

A todos os que cito neste livro.

Aos meus muitos amigos e mestres que não citei, mas também fazem parte desses caminhos.